사이버 미술치료의 가능성

미술치료와 컴퓨터 테크놀로지

Cathy A. Malchiodi 저 | 오연주 · 길지호 공역

학지사

Art Therapy & Computer Technology
by Cathy A. Malchiodi

역자 서문

이 책은 20년 넘게 국제적인 미술치료 전문가이자 학자로서, 50여 편에 달하는 미술치료 관련 논문 및 저서를 발표해 온 Cathy A. Malchiodi의 호기심과 열정의 소산이다.

미술치료에 컴퓨터 테크놀로지를 활용하는 것에 대하여 사람들은 비인간적이고 치료적이지 않다는 선입견을 보였다. 아울러 컴퓨터의 급진적인 발전 속도 때문에 컴퓨터를 미술치료의 매체로 수용하는 것을 두려워하던 우리에게, 그녀는 이 책을 통하여 미술치료에 있어서 보다 간결하고 실질적인 안내자 역할을 해 주고 있다. 그 안내를 따르다 보면 여러분은 서서히 컴퓨터 테크놀로지가 친숙하게 느껴질 것이다.

그녀는 컴퓨터에 문외한이었던 자신이 가출 청소년과 컴퓨터를 통해 소통하기 시작하면서 '사이버 미술치료사'의 길에 들어서게 된 과정을 설명한다. 뿐만 아니라 수없는 시행착오 끝에 알게 된 다양한 디지털 매체와 소통 방식을 하나하나 자세히 소개하면서 미술치료 연구 및 다른 미술치료사들과의 연결을 구축하는 데 심혈을 기울였다. 그리고 어떻게 컴퓨터 테크놀로지와 인터넷을 활용할 수 있는지 실질적인 사례와 방법까지 낱낱이 보여 준다.

소개된 사이트 주소를 따라 서핑을 하다 보면, 미술치료에 대한 새로운 개척지를 체험하게 될 것이다. 이를테면 사이버 미술치료 과정에서 앞으로 닥쳐올 윤리적 · 법적 문제까지 이미 검토하고 논의함으로써 우리가 처음부터 사이버 미술치료에 책임감 있게 접근하도록 방향을 제시해 주고 있다.

무엇보다도 이 책에서 눈길을 끄는 것은 '컴퓨터'라는 새로운 매체를 미술치료에 도입한 성공 사례들이다. 예를 들면, 가정 폭력의 희생자였던 소년 Angelo가 컴퓨터 그래픽 프로그램을 통해서 만들어진 자신의 이미지와 소통하면서 자살 충동과 내면적 위기감을 극복한 경우와 면역결핍증으로 외부 세계와 차단하고 살았던 청년 Robert 역시, 컴퓨터 그래픽 프로그램을 통해 미술치료사와 작업하면서 서로를 이해하고 충분히 안전한 치료적 관계를 형성한 사례는 그동안 우리가 전통적인 매체를 사용해 얻었던 치료적 결과들과 별반 다르지 않다.

이 책이 나온 지는 꽤 되어서 지금의 컴퓨터 환경은 사양이나 소통 방식 면에서 저자가 경험했던 세계와는 사뭇 달라졌다. 그래서 책에 나오는 어떤 자료들은 정보력에서 많이 뒤쳐져 있기도 할 것이다. 그럼에도 불구하고 그대로 소개하기로 결정한 것은 새로운 세상에 부딪치고, 창의적 표현의 도구를 개척하려고 노력한 선배 치료사들의 땀의 흔적을 확인할 수 있기 때문이다.

또한 저자가 다양한 경험과 연구를 통해 찾아낸 컴퓨터 중재 치료가 지닌 여러 가지 장점, 즉 다양한 프로그램을 활용하여 이미지를 쉽게 변형 및 조작할 수 있고, 변화된 데이터를 저장할 수 있으며, 장애를 지닌 사람도 쉽게 접근할 수 있고, 새로운 형태의 치료적 관계를 촉진하며, 인터넷 소통 방식으로 치료하고 교육하며 연대하려는 시도는 앞으로도 여전히 유효할 것이다.

이 책을 읽은 미술치료사들이 그들의 노력에 자극받아, 전통적인 미술치료를 도와주는 새로운 매체로 컴퓨터 테크놀로지를 수용하고, 직접 활용해 보고 싶은 의욕이 샘솟아 사이버 미술치료에 대한 다양한 시도와 연구가 이루어지기를 희망한다.

마지막으로, 이처럼 의미 있는 책을 번역할 기회를 주신 공학과 컴퓨터를 활용한 과학적인 미술치료 연구의 권위자이신 김성인 교수님과 책의 출판을 허락해 주신 학지사 김진환 사장님을 비롯한 편집부 식구들에게 감사의 마음을 전한다.

2011년 3월

오연주, 길지호

저자 서문

이 책을 집어 든 당신은 책의 내용을 훑어보다가 어쩌면 이런 의문에 사로잡힐지도 모르겠다. '이상하다. 왜 내가 미술치료와 컴퓨터 테크놀로지에 관심을 가지려 하지?'

이런 의문은 결국 환자와 미술치료를 하는 과정에서 창의적인 표현을 촉진하기 위해 전통적인 미술 재료를 활용하는 대신, 컴퓨터나 소프트웨어를 활용하지 않겠다는 생각으로 이어질 수도 있다. 그러나 컴퓨터 테크놀로지와 미술치료에 대한 생각이 이렇다 해도, 미술치료 분야의 최신 뉴스나 연구에 뒤처지지 않고, 치료사나 교육자 또는 임상감독자로서 동료들과의 소통 기술을 개선하고, 관련 전문가들과의 교류를 제고하고 싶다면, 그리고 대부분의 환자들이 사는 현재의 기술 중심 사회에 발맞추기를 원한다면, 적어도 미술치료사로서 미술치료와 컴퓨터가 어떻게 연결될 수 있는지와 그와 관련된 실용적인 지식의 습득을 통해 미술치료 작업을 확장시켜 나가야 할 것이다.

대부분의 미술치료사들은 기술이란 것이 번거롭고, 어려우며, 심지어 치료적인 상호작용에 역효과를 가져온다고 소리를 높일 것이다. 하지만 컴퓨터와 전자 그리고 디지털 기술은 이제 개인에게도, 미술치료 전문가에게도 중요한 일상이 되어 버렸다. 컴퓨터를 매개로 한 치료와 임상감독, 전문가 네트워킹과 연구 그리고 원격교육 등 보건의료 분야에 기술을 적용하려는 움직임이 날로 증가하고 있다. 또한 정신보건 분야에서도 치료사들이 점점 컴퓨터 쪽으로 다가가는 추세다. 환자들에게 치료적이고 정신교육적인 체험을 제안하거나, 컴퓨터 테크놀로지를 활용해 환자의 기록을 보관하거나, 다른 동료 전문가들과 소통하기 위해서 컴퓨터의 중요도가 커진 것이다. 최근 몇 년간 나의 미술치료 작업에서도 환자와 이메일을 주고받는 한편, 치료 효과와 창의적인 표현을 증진시키기 위해 컴퓨터 페인팅 및 사진 프로그램을 활용하는 일이 늘어나고 있다. 비록 인터넷이나 컴퓨터를 통해 환자와 작업하는 것이 나의 치료 작업의 중요한 부분은 아니다. 그러나 나는 매년 친구와 가족, 그룹 참가자들 중에서 컴퓨터를 활용하는 것이 자기표현과 소통에 유용하며, 미술치료 체험의 중요한 부분임을 깨달았다는 사람들을 종종 보게 된다. 아직은 미국에서 대중화가 덜된 분야 중의 하나인 미술치료 전문가로서, 특히 인터넷을 통해서 가능해진 수많은 리소스(resources, 프로그램이나 시스템, 데이터 등의 자원-역주)가 고맙다. 비교적 단순하기는 하지만 나는 가정용 컴퓨터와 전화선을 가지고 있기 때문에, 즉각적으로 미국이나 세계 곳곳에 있는 연구 데이터와 보건의료에 관한 정보 그리고 다른 미술치료사들과의 접촉이 가능해진 것이다.

나는 어떻게 하면 컴퓨터 테크놀로지를 통해서 미술치료 작업을 더 확충할 수 있을지에 열중하고 있지만, 기술이 자신에게 유용할지에 관하여 아직 확신할 수 없는 미술치료사들도 많을 것이다. 이럴 때 이 책의 부제인 '사이버 미술치료의 가능성'이란 구절이, 다르게 생각해 보도록 하는 자극제가 되었으면 좋겠다. 'virtual'이란 단어는 그동안 현실을 모방하는 기술력을 설명하는 데 사용되어 왔다. '사이버 미술치료'란 Shaun McNiff가 쓴 논문에서 직접적으로 영감을 얻은 개념이다('제5장' 참조). 그는 논문에서 '사이버 미술치료'의 개념을 설명하고, 컴퓨터 페인팅 및 사진 프로그램을 활용해 본 경험에 대해 이야기하고 있다. 그는 이러한 프로그램들이 개인의 창의적인 표현에 도움이 되고 환자와 치료사 간의 상호작용의 매개체 역할을 하므로, 이 새롭고 흥미로운 표현 수단을 미술치료사가 선택할 수 있는 사이버 도구로 인정하자는 입장이다. 나 역시 컴퓨터 테크놀로지가 미술치료와 미술치료사를 소통과 자기표현, 연구와 교육, 심지어 국제적인 교류까지 무제한적으로 가능한 복합 세상, 즉 사이버 미술치료의 세계로 인도해 줄 것이라고 믿는다. 현존하는 미술치료사들의 사이버 공동체는 온라인 상호교류 중에서 가장 흥미로운 양상 중의 하나로, 5년 전만 해도 생각지도 못했던 일이다.

사이버 미술치료의 흐름과 관련하여, 이 책이 미술치료사들이 컴퓨터 테크놀로지를 자신의 미술치료 작업뿐만 아니라 개인적 또는 전문가로서의 성장과 의사소통 그리고 연구와 평생교육에 적용할 수 있는 다양한 방법을 찾는 데 시발점이 되기를 바란다. 나 자신이 결코 컴퓨터 '도사'가 아니기 때문에, 컴퓨터와 관련된 것들을 연구하고 이해하고 싶어 하는 평균적인 미술치료사들에게 필요한 가장 실질적인 정보와 조언이 무엇인지 알기 때문에, 그것에 매우 쉽게 초점을 맞출 수 있었다.

이 책에서는 컴퓨터를 비롯한 소프트웨어와 주변기기 그리고 인터넷과 온라인 소통 및 네트워킹의 개념을 비롯하여, 미술치료사 자신뿐만 아니라 환자의 창의적인 표현에 컴퓨터 테크놀로지를 적용하는 법 그리고 연구에 '사이버 도서관'의 역할을 하는 '웹'을 활용하는 방법을 살펴볼 것이다. 또한 치료와 교육, 임상감독, 대학 간 소통에 있어서 컴퓨터와 전자, 디지털 기술을 사용하는 것과 관련된, 복잡하고 윤리적이며 법적인 문제점도 다루게 될 것이다. 이 밖에 리소스와 웹사이트, 검색엔진과 추천 도서 등도 제시되어 있으므로, 이 책의 연구 범위를 넘어서 사이버공간을 항해하고 탐색할 때 도움이 되었으면 좋겠다.

마지막으로, 이 책을 집필하기 시작했을 때는 길고 긴 페이지들을 내 자신이 생각한 주제에 맞는 유용하고 적절한 정보로 채우기에는 다소 어려울 것이라고 예상했다. 그러나 첫 번째 마감 시한이 되자 시간이 더 필요했다. 그래서 서둘러 담당 편집자를 만나야만 했다. 아직 보여 주지 못한 사이버 관련 연구와 동료들에게서 모은 정보를 모두 설명하고 융합시키기 위해서는 시간이 더 필요했기 때문이다.

이 책이 그저 시작에 불과하다는 것을 나는 잘 안다. 앞으로 급속하게 성장하게 될 분야의 단초를 마련했을 뿐이다. '시작'이라는 점에서, 이 책이 컴퓨터 테크놀로지가 어떤 식으로 미술치료에 영향을 미치고, 치료적인 상호 교류와 중재를 강화시킬 수 있는지 그리고 치료적인 작업을 비롯하여 전문가적인 발전과 성장, 연구뿐만 아니라 가장 중요한 창의적인 자기표현과 관련하여 우리를 어떻게 사이버 미술치료의 세계로 인도할 수 있는지, 이 모든 것을 탐색하는 계기가 되었으면 한다.

감사의 글

미술치료사 동료들의 헌신적이고 친절한 전문가적인 견해와 정보를 많이 싣다 보니, 이 책은 시작부터 끝마치는 데 넉 달 정도가 걸렸다. 이 책이 나오게 된 것은 다음과 같은 이들이 보여 준 조언과 지지 그리고 격려 덕분이다.

- Shaun McNiff는 내게 흔들림 없는 지지를 보내 주었고, 책의 부제에 대한 영감을 주었다. 또한 미술치료사들을 위해 '사이버 미술치료실' 역할을 하는 컴퓨터의 활용에 대한 논문을 재수록해도 좋다고 허락해 주었다.
- Kate Collie는 성장하고 있는 원격진료와 원격보건 분야에 대한 폭넓은 식견과 미술치료의 인터페이스에 관한 유망한 연구를 공유해 주었다.
- Barbara Parker-Bell은 1999년 가을, 뉴욕 시에 있는 시각예술학교(The School of Visual Arts)에서 있었던 워크숍을 통해 내가 이 분야에 관하여 더 공부하게 한 것은 물론 이 책을 쓸 수 있도록 영감을 주었다.

- Judy Weiser는 사진치료사인 자신의 전문 분야를 공유하고 내가 '사이버 미술치료사'가 될 수 있도록 격려했으며, 컴퓨터 앞에 앉아 있는 것을 싫어하던 나에게 이메일을 자주 보내 웃으면서 이 책을 계속 쓸 수 있도록 해 주었다.
- Francine Lévesque는 미술치료사들 간의 디지털 토론 그룹과 국제적인 네트워킹이 중요하며, 그 중요성에 대한 사고와 이해를 넓힐 수 있도록 도와주었다.
- Monica Franz와 Sandy McCartie는 미술치료에서 기술 활용에 관한 캐나다 브리티시컬럼비아 미술치료협회(The British Columbia Art Therapy Association)의 지침을 재수록해도 좋다고 허락해 주었다.
- Robin Feldman과 Donna Betts, Diane Ranger, Carol Lark, Jerry Stochansky 그리고 Gretchen Miller는 이 책에 자신들의 경험과 웹사이트를 싣도록 허락했으며, 어떻게 하면 미술치료사들이 창의적이고 혁신적인 방법으로 인터넷과 월드 와이드 웹(World Wide Web)을 사용할 수 있는지와 관련된 사례들을 많이 알려 주었다.
- Binney-Smith Company의 Ron DeLong은 최신 그래픽 프로그램의 적용과 관련된 소프트웨어와 연구 데이터를 보내 주었다.
- Champ Riley 박사는 자신이 만든 화려한 '컴퓨터 중재 미술' 작품을 재수록하도록 허락해 주었다.
- 사랑하는 남편과 우리의 동반자인 고양이 Mr. Warhol과 Chaplin

은 내가 컴퓨터 방에서 오랜 시간을 보내는 동안 지지해 주었을 뿐만 아니라 가끔 기분 전환도 시켜 주었다.

- 지리적으로는 떨어져 있지만, 사이버공간과 디지털 기술이 펼쳐지는 놀라운 세상 속에서 세계 곳곳의 모든 친구 및 동료들과 이메일을 통해 훨씬 가까워질 수 있어서 좋았다.

마지막으로, 이 책이 완성되도록 원고를 교정해 준 Jessica Kingsley와 Helen Parry 그리고 Emma Woolf에게 감사한다. 그들과 함께한 시간은 너무나 큰 기쁨이자 특권이었으며, 나 자신뿐만 아니라 전 세계에 있는 창의적인 미술치료사들의 작업이 발전할 수 있도록 도와주어서 감사하다는 말을 전하고 싶다.

▪ 관련 서적

『성인 임상미술치료(Medical Art Therapy with Adults)』
Edited by Cathy A. Malchiodi
Foreword by Richard Lippin
ISBN 1 85302 279 4 pb
ISBN 1 85302 678 6 hb

『아동 임상미술치료(Medical Art Therapy with Children)』
Edited by Cathy A. Malchiodi
Foreword by Judith Rubin
ISBN 1 85302 677 8 pb
ISBN 1 85302 676 X hb

『청소년을 위한 동시대 미술치료(Contemporary Art Therapy with Adolescents)』
Shirley Riley
Forewords by Gerald D. Oster and Cathy A. Malchiodi
ISBN 1 85302 637 9 pb
ISBN 1 85302 636 0 hb

『미술 기반 연구(Art-Based Research)』
Shaun McNiff
ISBN 1 85302 621 2 pb
ISBN 1 85302 620 4 hb

『한 끼 식사 이상의 의미: 식이장애 환자의 그림(More Than Just a Meal: The Art of Eating Disorders)』
Susan R. Makin
Forewords by Bryan Lask and Cathy A. Malchiodi
ISBN 1 85302 805 3

『자해와 미술치료, 격렬한 그림(Self-Mutilation and Art Therapy Violent Creation)』
Diana Milia
ISBN 1 85302 683 4

차 례

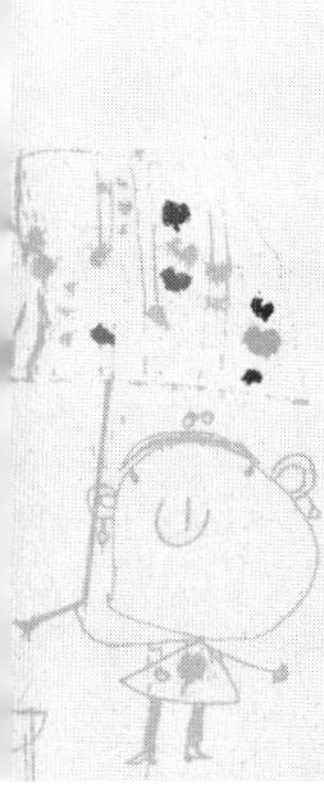

◈ 그림 목록

◈ 표 목록

제1장

미술치료와 컴퓨터 테크놀로지

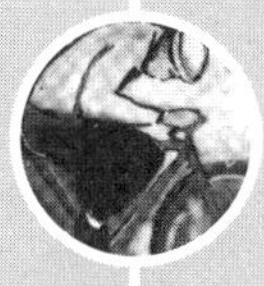

『미술치료: 미국미술치료학회 저널(Art Therapy: Journal of the American Art Therapy Association)』의 최근 호를 보면, 많은 미술치료사와 보건의료 전문가들의 작업에 컴퓨터 테크놀로지가 얼마나 큰 영향을 미치는지를 구체적으로 실감할 수 있다(Collie & Cubranic, 1999; Gussak & Nyce, 1999; McLeod, 1999; McNiff, 1999; Parker-Bell, 1999b). 전문가들은 물론 대중의 컴퓨터 활용이 놀라울 만큼 증가하고, 인터넷에 자신을 표현하는 일이나 전자거래가 급증하는 동시에 '컴퓨터 중재(computer-mediated)' 치료가 확대되면서, 다른 보건의료 분야와 마찬가지로 미술치료 역시 컴퓨터 테크놀로지의 영향력으로부터 자유로울 수 없게 되었다.

미술치료를 위한 컴퓨터 테크놀로지와 디지털 이미지의 발전의 중요성이 점차 커지고 있다. 컴퓨터 테크놀로지의 발전 덕분에 미술치료사들은 컴퓨터 페인팅 및 사진보정 프로그램, 전자예술, 사진이나 비디오테이프와 같은 디지털 매체를 미술치료에 접목시킬 기회를 갖게 되었다. 뿐만 아니라 컴퓨터 테크놀로지와 디지털 매체를 활용해 내담자들에게 자신을 창의적으로 표현할 수 있는 새로운 방법을 제시할 수 있게 되었다. 특히, 인터넷은 미술치료 분야에 중대한 영향을 미치고 있다. 미술치료사들은 인터넷을 통해 이메일과 온라인 토론 그룹 그리고 '실시간' 채팅 등을 활용해 대규모의 사이버 공동체를 만들었다. 또한 정신건강이나 약물 그리고 치유와 관련된 예술에 공통의 관심이 있으면서도 그동안 소통하지 않았던 사람들 간에 교류함으로써 국제적인 네트워크를 구축하게 되었다.

이 장에서는 미술치료에 컴퓨터 테크놀로지를 사용하는 것과 관련 개념 및 기본 기술 그리고 이 분야의 개척자들에 관하여 다루게 될 것이다. 즉, 컴퓨터 테크놀로지가 보건의료 분야에 미치는 영향과 관련된 간략한 역사와 원격의료 및 컴퓨터 중재 치료의 등장 그리고 미술치료에서 컴퓨터를 사용함에 있어서 사진이나 비디오의 기술이 그 발전에 어떤 영향을 미쳤는지 살펴볼 것이다. 아울러 미술치료에 컴퓨터 테크놀로지를 도입한 개척자들이 치료적이고 전문적인 교류를 강화하기 위해 컴퓨터와 디지털 기기, 온라인 소통 방식을 어떻게 활용하는지와 참신하고 흥미로운 방법을 탐색하는 데 선두에 서게 된 이유도 알아볼 것이다.

개념 : 컴퓨터 테크놀로지와 보건의료

컴퓨터 테크놀로지가 의사소통이나 정보와 관련된 사람들의 삶에 점차 영향을 미치는 것처럼, 미술치료사와 보건의료 전문가들이 내담자나 그들에게 관여하는 방법에도 컴퓨터 테크놀로지가 영향을 미친다는 사실은 너무도 자연스러워서 이제는 별로 놀랄 일도 아니다. 병원이나 교육 현장에서도 마찬가지로 컴퓨터나 이메일 그리고 인터넷에 대한 최소한의 기초 지식 없이 일한다는 것은 거의 불가능하다. '사이버공간(Cyberspace)'이나 '넷(Net)' 그리고 '웹(Web)'과 같은 말들이 빠른 속도로 우리의 문화적인 언어나 보건의료 용어로 우리 생활 속에 깊숙이 파고들고 있다. 정보를 교류하고 소통하기 위한 지역적 · 국가적 · 세계적 커뮤니티가 급속도로 만들어지면서 지금까지 존재하지 않았던 네트워크가 형성되고 있다. 이렇게 지역 내에서 또는 원거리에서 사람들과 상호작용하는 방법은 보건의료 전문가들의 업무와 일상에서 중요한 부분을 차지하고 있다.

이제는 수많은 사람들이 너무나도 유명해진 '편지가 도착했습니다.' 라는 문구를 매일 보고 있다. 대부분의 사람들은 이 문구를 누군가가 자신에게 이메일을 통해 정보나 메시지를 보냈다고 해석한다. 그러나 이제 사람들은 이 문구를 새로운 의미로 받아들인다. 즉, 이 문구는 그 혹은 그녀의 치료사가 이메일을 통해서 그동안 이야기해 왔던 문제나 중요한 이슈에 관하여 답장을 보냈다는 뜻일 수도 있는 것이다. 보건의료와 정신건강 전문가들은 대면치료가 여전히 가장 선호할 만한 치료 형식이기는 하지만, 어떤 경우에는 온라인 중재 및 커뮤니케이션이 더 이점이 있다는 사실을 인식하고 있다. 무엇보다도, 온라인 소통 방식은 신체적인 어려움이나 거리 또는 생활 방식의 한계 때문에 병원이나 치료실에 올 수 없는 사람들과 접촉할 수 있는 특별한 기회를 준다. 장애를 가진 사람들을 지원하는 조직에서는 사회로부터 소외된 사람들이나 신체적·정신적 질병으로 인해서 주거지를 벗어날 수 없는 사람들과 접촉하고 관계를 유지하는 데 컴퓨터 테크놀로지가 지닌 가능성과 이점에 관하여 인정한 지 오래다. 또한 컴퓨터의 등장으로 소외된 사람들이 생산적이고, 자립적이며, 독립적인 사회 구성원으로 살아가는 일이 가능해졌다. 컴퓨터 테크놀로지의 도움이 없었다면 이들은 실업 상태에 있거나 경제적으로 혹은 일상생활에서 타인에게 의존하면서 살 수밖에 없었을 것이다.

의학 및 정신보건의료 분야 모두 내담자들을 위한 전통적인 서비스와 함께 컴퓨터 테크놀로지와 온라인 소통 방식을 통합하기 위해 종합적인 대책을 수립하고 있다. 보건의료 분야에 전자 및 컴퓨터 그리고 디지털 장비를 사용하는 것이 심리학과 정신의학, 사회복지학과 상담에서 새로운 연구 분야로 급속히 대두되고 있으며, 컴퓨터 중재 심리치료, 사이버치료, 웹상담, 원격치료, 원격의료, e-치료, 원격정신의학 그리고 사이버상담 등 다양한 이름으로 불리고 있다(〈표 1-1〉의 개념 정의 참조). 이 중 원격치료가 가장 잘 알려지고 자주 사용되는 용어다. 원격치료(telehealth)란 보건의료에 대한 접근성을 높이고 다양한 방법으로 서비스를 제공하기 위해 전화, 화상회의, 이메일 및 그 밖의 원격소통 기술을 활용하는 것을 가리킨다. 원격치료는 원거리상의 보건의료 서비스를 제공하면서도 잠재적으로 비용 효율이 큰 방법의 하나로 대두되었으며, 건강 서비스 전략의 주류로 떠오르고 있다(Bashur, 1997). 1950년

〈표 1-1〉 컴퓨터 중재 치료 및 보건의료 서비스

e-치료 (e-therapy)	개인과 전문가 사이에 동시적(동기 방식) 및 비동시적(비동기 방식) 소통을 가능하게 하는 인터넷의 기능과 편리성을 활용하는 것을 말한다. 예 국제온라인정신건강협회(International Society for Mental Health Online, http://www.ismho.org/issues/9902.html)
원격의료 (Telemedicine)	환자나 보건의료 전문가 간에 건강과 교육, 또는 환자의 치료를 증진시키기 위한 목적으로 전자 소통방식을 통하여 의학정보를 교환하는 것을 말한다. 예 미국원격의료협회(American Telemedicine Association, www.atmeda.org/whatis/defined.html)
원격치료 (Telehealth)	건강검진, 진담, 중재, 상담, 감독, 교육, 정보 등을 제공하기 위하여 원격통신수단을 사용하는 것을 말한다. 예 Kirby, Hardesty와 Nickelson(1998, p. 528, www.apa.org/journals/pro/pro296527.html에서 이용 가능)
웹 상담 (Web Counselling)	환자와 상담자가 분리 혹은 멀리 떨어진 장소에 있을 때 이루어지는 전문적인 상담과 정보전달 업무로, 인터넷 상에서 소통하기 위해 전자수단을 사용하는 것을 말한다. 예 전국공인상담자위원회(National Board for Certified Counselors, http://www.nbcc.org/ethics/wcstandards.htm)

대 후반 최초의 원격치료 프로그램은 폐쇄회로 텔레비전(CCTV) 연결 방식을 통해서 정신의학 및 그 밖의 보건 서비스를 제공했다. 이후에 위성이나 동영상 전송 방식을 활용하는 도시-지방 간 연결 프로그램이 개발되었다(Preston, 1993). 1980년대와 1990년대에는 기술 비용이 감소되고, 일반인에게 인터넷이 보급되면서 원격치료에 중요한 변화와 발전이 이루어졌다.

원격의료(telemedicine)는 원격보건 활동의 일부로서 '내담자와 보건의료 전문가 간에 건강과 교육 또는 내담자의 치료를 증진시키기 위한 목적으로 전자 소통 방식을 통해서 의학 정보를 교환하는 것(American Telemedicine Association, 1999)(www.atmeda.org/whatis/defined.html)을 말한다. 역사적으로 볼 때 원격보건과 원격의료는 전화로 하는 상담과 중재로 시작되었지만, 최근에는 컴퓨터 테크놀로지를 화상으로 사용하는 특별한 조직이 만들어지고 있다. 예를 들어, 국제온라인정신건강협회(International Society for Mental Health Online: ISMHO)는 국제적인 정신건강 커뮤니티의 온라인 소통과 정보, 기술의 이해와 사용 그리고 개발을 장려하기 위하여 설립되었다(ISMHO의 1998년 사명 선언문 중에서)(www.ismho.org/issues/9801I.htm 참조). 이 외에도 원격치료와 원격의료 및 컴퓨터 중재 보건의료의 시행을 주장하는 여러 조직들이 인터넷상에서 만들어지고 있다. 이들은 어떻게 하면 컴퓨터 테크놀로지가 효과적이고 윤리적으로 보건의료를 강화하는 데 사용될 수 있는지에 대해 연구할 필요성이 증대되고 있음을 강조하고 있다('부록 3' 참조).

의학 분야에서 '원격 보건의료'는 환자의 치료와 관련해 급성장하고 있는 분야다. 예를 들어, 이제는 당뇨병 환자가 병원에 가지 않아도 인터넷상의 사이버 병원에서 자신의 인슐린 수치를 확인하는 일이 가능해졌다(Weber, 2000). 또한 의사와 간호사들이 온라인상에서 환자들의 데이터를 정리한 다음 진단과 치료 설명서를 환자들에게 보내 주는 것이 가능한, 새로운 보건의료 형태가 만들어지고 있다. 이것이 바로 'e-병원'이다. 이러한 원격 보건의료 사이트는 아직 초기 단계에 머물러 있지만, 디지털 방식을 통해서 환자에 대한 자세한 진료 기록을 수집함으로써 과거의 '왕진' 개념을 되살릴 수 있는 잠재력을 지니고 있는 것이다. 또한 웹사이트(예, webMD.com, '부록 3' 참조)를 통해 환자들은 광범위한 의학 정보에 접근하게 되었으며, 건강 욕구에 대해 스스로 책임지기 위하여 도움을 받고, 자신이 선택한 치료 과정이나 이용 가능한 치료 정보를 더 많이 알 수 있게 되었다.

웹상담(Web-Counseling) 분야 역시 심리교육 웹사이트나 이메일, 실시간 온라인 채팅 또는 '문자 기반 상담'과 같은 인터넷 소통 방식, 더 나아가 화상회의 등을 포함하는 원격보건 분야에서 급속한 성장세를 보이고 있다. 우울증이나 불안장애와 같은 일반 정신질환에 대한 정보를 제공하는 웹사이트는 가정 내 컴퓨터에서도 쉽게 접속할 수 있는데, 치료에 대한 최신 정보와 정신약리학적인 중재를 제공하는 것은 물론 전문가의 진단과 치료도 가능하다. 쌍방향 의사소통 방식과 관련하여 상담사와 사회복지사 그리고 심리치료사들은 내담자들의 질문과 관심사에 답하기 위해 이메일을 사용하고 사이버치료나 사이버상담을 목적으로 웹사이트를 구축하기도 한다. 또 인구밀도가 높은 지역의 많은 병원과 의원들의 정신보건 전문가들이 작은 동네나 농촌 지역에 살고 있어서 대면 서비스를 받기 어려운 사람들을 대상으로 컴퓨터 테크놀로지를 이용하여 생방송 화상상담과 '실시간' 사이버치료를 제공하는 기술을 연구하고 있다.

미국에서 가장 큰 상담 전문가 조직인 미국상담협회(American

Counseling Association: ACA)와 미국심리학회(American Psychological Association : APA)를 비롯한 정신건강 조직들은 그 구성원들 사이에서 원격보건을 이용하는 사례가 증가하고 있음을 인식하고 있다(Ford, 1999). 예를 들어, 미국상담협회는 최근 사이버상담의 시행에 관한 지침과 시행 기준 및 윤리 강령 등을 제작한 바 있다. 흥미롭지만 걱정되는 점은, 전문가들이 인터넷을 통한 문자 기반의 상담을 활용하는 사례가 늘고 있으며, 여기서 내담자와 상담사 사이에 윤리적이고 의미 있는 치료적인 교류가 일어난다는 점이다. 컴퓨터를 통하여 치료적인 서비스를 제공하는 것과 같은 문자 기반 상담은 비싸지 않고, 많은 사람들이 가정에서 서비스를 받을 수 있다는 점에서 확실히 장점을 지니고 있다. 그러나 문자 기반 상담은 청각적 혹은 시각적인 상황을 살피기 힘들다는 면에서 제한적이므로, 치료사들은 중재를 위한 온라인 소통 상황에서 비밀 보장과 같은 윤리적인 문제점에 대하여 예민하게 자각하고 있어야 한다. 이러한 문자 기반 기술이 안고 있는 수많은 문제점과 파생 효과에 관해서는 아직 충분히 정리되지 못한 상태이며, 컴퓨터 중재 치료에 대한 윤리적이고 법적인 지침도 연구 및 개발 단계에 있다('제7장' 참조).

Riemersma와 Leslie(1999)는 치료사들이 인터넷상에서 반드시 치료 과정이나 치료 관계를 구축하지 않고서도 이미 다양한 치료 서비스를 제공하고 있음을 발견했다. 이용자들이 건강이나 인간관계 문제에 대하여 묻는 질문에 비용을 받고 조언을 하거나 제품을 판매하거나 교육 자료를 발행하고, 정신질환에 대한 상담을 하는 치료사들도 있었다. 이들의 서비스 내용을 살펴보면 주로 단기간이며, 인간관계나 고용 문제, 심하지 않은 불안이나 우울 그리고 스트레스 감소와 같은 문제에 초점을 두는 것으로 나타났다. 여기서는 심각한 정신질환 문제는 다루고 있지 않기 때문에, 전문가의 조언이 가능한 것이다. 또한 이러한 형태의 서비스를 취하게 되면 일반적으로 치료사들이 치료실이든 인터넷상에서든 내담자를 치료할 때 져야 하는 위험 부담과 책임에 노출되지 않을 수 있다.

그리고 상대적으로 볼 때 사이버치료나 사이버상담의 효용성에 대해서도 많이 알려져 있지 않으며, 미술치료와 컴퓨터 테크놀로지의 만남 역시, 소수의 전문가들에 의해서만 연구되고 있는 실정이다. 그러나 이러한 단점에도 불구하고, 컴퓨터 중재 치료는 정착 단계에 놓여 있으며, 앞으로도 의학과 정신보건 서비스에 대한 영향력은 계속될 것이다.

컴퓨터 중재 미술치료의 개념

치료에 사용되는 전자예술, 비디오 그리고 사진

미술치료에서는 컴퓨터 테크놀로지를 사용해 중재와 치료를 하기 위한 몇 가지 선두적인 역할을 하는 기본 기술이 있는데, 흔히 '전자예술'이라 불리는 것들이다. '전자예술(electronic art)'이란 용어는 일반적으로 이미지를 생성, 수정 혹은 조작하기 위해서 디지털 장비를 사용하는 것을 말한다. 즉, 전자예술이란 사진을 복사해 이미지의 색상과 크기를 변형하는 것에서부터 영화 제작, 비디오 녹화 그리고 카메라의 종류와 상관없이 직접 찍은 사진을 포함하는 것으로 정의할 수 있다. 예컨대, 1980년대 후반에 Jenny Holzer와 같은 유명 예술가가 대중화한 미술 기반 테크닉으로, 사진 복사기를 이용해 명도와 색상을 조절하거나 크기를 변형할 수 있는 잡지나 사진 등이 있다. 잡지 콜라주는 많은 사람들에게 비교적 친근한 매체이기 때문에, 미술치료사들이 자기표현을 위한 방법으로 자주 사용하는 중요한 작업이다(Landgarten, 1981, 1993; Riley, 1999; Riley & Malchiodi, 1994). 사진 콜라주 작업 시 대부분의 사람들은 단순히 사진을 잘라서 원본 형태 그대로 붙이는 경향이 있는데, 때로는 창의적이지 않은 방법일 수도 있다. 이때 사진 복사기를 활용하면 사진이라는 매체에 다양한 변화를 줄 수 있다.

사진 복사와 더불어 컴퓨터 테크놀로지를 활용하면, 기존에 존재하는 이미지를 변형시키는 능력을 배가할 수 있다. 프린터와 스캐너 그리고 사진 보정 소프트웨어를 활용하면 미술적인 실험이나 콜라주를 통한 자기표현의 기회를 더 많이 창출할 수 있다. 컴퓨터 미술 작업과 관련한 나의 첫 번째 경험은 대부분 기존 잡지의 이미지와 개인 사진을 컴퓨터에 스캔(스캔 방법에 대한 설명은 '제2장' 참조)을 받아 이미지를 조작하거나 콜라주의 질을 더 높이는 작업([그림 1-1] 참조)이었다.

나는 간단한 사진 관련 프로그램의 도움으로 이미지의 색상과 명도를 변화시키고, 색 대비를 조절하며, 패턴이나 모양, 선 등을 추가하고, 원본 이미지에 추가적인 이미지를 덧붙일 수 있었다. 원본을 특별히 손상시키지 않으면서 시도가 가능한 변형 도구에 홍

[그림 1-1] 저자가 컴퓨터로 생성한 사진 콜라주

미를 느꼈다. 실제적으로 초기 작품이 점점 좋아지는 과정을 추적하고 마지막 작품이 만들어지기까지의 단계를 기록하면서 이미지를 차례차례 저장해 나갈 수 있었다.

사진은 미술치료에 대한 컴퓨터 중재 접근법의 또 다른 기본 기술이다. 여기에는 즉석카메라부터 35mm 필름 카메라에 이르는 온갖 종류의 카메라 작업뿐만 아니라 새로운 디지털 기술도 포함된다. 디지털 기술 덕분에 누구나 디지털카메라에서 얻은 사진을 직접 컴퓨터에 저장해서 색을 더 선명하게 하고, 이미지를 조작하며, 크기와 구성을 변형시킬 수 있게 되었다(디지털 기술에 관한 정보는 '제2장' 참조). 지난 25년간 많은 치료사들(Krauss & Fryrear, 1983; Weiser, 1988, 1999; Wolf, 1976 등)이 사진이라는 매체를 평가와 중재 그리고 자기표현을 위한 잠재력 있는 형식이라고 강조하면서, 사진을 치료적으로 활용하는 것에 대하여 주장하였다.

[그림 1-1]은 35mm 필름 카메라로 찍은 것이지만, 컴퓨터와 소프트웨어 프로그램을 활용하여 나는 그 과정을 더욱더 창의적인 방향으로 이끌어 나갈 수 있었다. 처음에는 단순히 나 자신이나 주변 사람들, 정물과 환경 그리고 잡지에 나온 이미지 시리즈를 사진에 담았다. 그러고 나서 이 사진들을 컴퓨터에 스캔해서 사진 프로그램을 활용해 질을 더 높이고, 색이나 선 그리고 패턴 등의 요소를 덧붙여 마지막으로 사진 콜라주를 완성하였다.

비디오는 미술치료에 컴퓨터를 사용하는 선두적인 전자예술의 세 번째 매체다(McNiff & Cook, 1975; Weiser, 1999). 이 책의 '제5장'에서 McNiff는 자신의 컴퓨터 테크놀로지를 기반으로 한 작업의 서막은 비디오와 함께 시작되었다고 회상한다.

> 휴대용 비디오 기술을 이용할 수 있게 된 1970년대 초반, 나는 몸담고 있던 주립병원에서 미술치료 프로그램을 주관하면서 비디오 기술을 자주 활용할 수 있었다. 내가 이처럼 비디오라는 새로운 매체를 경험할 당시, 미술치료계에서는 미술치료 기법을 드로잉과 페인팅 그리고 점토 만들기 등으로 국한해야 한다는 보수적인 주장이 팽배해 있었다.

McNiff는 사람들과 함께하는 협동적인 작업 방식을 오랫동안 지지해 왔기 때문에 자연히 비디오와 사진 그리고 연극을 미술치료 회기에 통합시켜 왔다(McNiff & Cook, 1975). 그는 이러한 매체의 사용에 대한 관심이 점점 고조되고 있는 미술계에서 실험되고 있는 것들을 어떻게 하면 미술치료 범주로 가져와 활용할 수 있을지에 관심이 많았다. 사진과 비디오 기술을 응용하게 되면서 미술치료의 시야가 드로잉과 페인팅 그리고 조각이라는 전통적인 기법을 넘어서 점차 넓어지게 되었다. 이제 미술치료사들은 넓어진 무대를 바탕으로 컴퓨터와 디지털 기술을 통해 어떻게 하면 창의적인 과정과 자기표현을 증대시키고 강화할 수 있을지 지속적으로 탐색해 나가야 할 것이다.

선구자

컴퓨터 테크놀로지의 선두에 선 미술치료사

컴퓨터 테크놀로지를 통한 창의적인 표현과 치료적 중재, 교육 그리고 온라인 소통 방식의 잠재성을 인식하는 미술치료사들이 점차 늘어나고 있다(Malchiodi, 1999). 이러한 선구자들은 미술치료의 평가와 치료 그리고 중재에 있어서 컴퓨터 테크놀로지의 사용을 탐색하고 연구한다. 이러한 미술치료사들은 모든 내담자들을 포용하면서도, 특별히 장애나 질병 또는 육체적인 어려움으로 인하여 전통적인 방식의 치료에 참여하는 데 한계가 있는 사람들의 개인적인 욕구, 즉 자기표현과 치료적 중재에 대해 민감하게 대처하고 있다. 한편 치료와 연구, 교육에 관심이 있는 전문가들을 위한 국제적인 네트워크를 구축하기 위하여 인터넷 포럼이나 원격교육, 단체 메일 서비스, 게시판 그리고 실시간 채팅 등을 개발하는 데 도전하는 치료사들도 있다.

미술치료 분야에 컴퓨터 테크놀로지가 등장하게 된 것은 1980년대와 1990년대의 비교적 최근의 현상으로, 대체로 일반 대중의 컴퓨터 사용량이 증가한 시기와 비슷하다. 가정용 컴퓨터가 시장에 등장하기 시작한 것은 20년이 채 안 되며, 사실상 컴퓨터가 일반 가정에서 사용자의 문서 작업(얼마 전까지 타자기의 업무였던)과 소통을 위한 중요한 매체가 된 것은 1990년에 이르러서다. 1980년에 내가 타자기로 어떻게 타이핑을 했는지 석사논문을 썼던 때를 회상해 보면 무척 힘들었던 것 같다. 반면 요즘의 컴퓨터 문서 작업 방식은 과거에 비해 훨씬 더 쉽고 편리하다. 비록 지금은 컴퓨터 없이는 아무것도 못할 것 같다고 말하지만, '이메일 이전의 삶'도 쉽게 기억날 만큼, 컴퓨터가 일상화된 것은 바로 얼마 전의 일이다.

초기의 선구자들

1980년대에는 매우 소수의 미술치료사들만이 미술치료를 할 때 컴퓨터를 사용하는 방식에 대해 논문을 썼다. Diane Weinberg (1985)의 논문은 가장 먼저 발행된 논문들 중 하나다. 그녀는 전신 마비나 뇌졸중 또는 뇌 손상과 같은 신체적인 제한이 있는 환자들을 위한 컴퓨터의 잠재성에 초점을 두고, 미술치료와 컴퓨터의 인터페이스에 관하여 강조하였다. 그녀가 함께 일한 사람들의 특성으로 인해, 그녀는 전통적인 미술치료에 재활의 의미를 보태기 위한 방식으로서 컴퓨터 미술치료를 연구하려고 시도했다. 지금으로 보면 그녀는 지극히 기초적인 기술을 지닌 컴퓨터(Atari 800)를 사용했는데, 이 컴퓨터에는 이미지를 그리거나 조작할 수 있는 간단한 그래픽 프로그램이 내장되어 있었다.

Weinberg는 컴퓨터 미술치료가 "성공적인 미술 작업 경험을 위한 매우 혁신적이고 급진적인 접근으로서, 장애를 지닌 환자들에게 잠재력을 구축할 수 있도록 호기심과 동기를 이끌어 내는 독특한 능력과 장점을 지니고 있다."(1985, p. 66)라고 주장했다. 비록 그녀가 한창 일할 당시의 컴퓨터는 매우 단순한 형태를 지녔지만, 몇 가지 특징을 강조한 연구들은 오늘날에도 여전히 유효하다. 첫째로, 그때나 지금이나 컴퓨터는 단순한 디자인을 다양한 형태로 바꿀 수 있도록 해 주고, 시각적인 방향도 신속하게 변형시켜 주며, 색상이나 선 역시 쉽게 변화시킨다. 컴퓨터 프로그램에는 단계별로 설명이 들어 있어서 작동하기 어렵지 않다. Weinberg가 논문을 쓸 당시에 그녀는 이미지를 만들기 위해서 키보드와 조이스틱(키보드와 비슷한 역할을 하는 도구) 그리고 라이트 펜(감광성 그래픽 태블릿 위에 올려놓은 오브젝트나 이미지의 본을 뜨는 도구)을 사용하였다. 오늘날에는 이미지를 만들기 위해서 대부분의 컴퓨터에 마우스와 스타일러스(펜과 유사한 도구)가 장착된 드로잉 프로그램과 누구나 쉽게 그리기 작업을 할 수 있는 드로잉 태블릿(선을 그리면 컴퓨터 화면에 직접적으로 나타나는 도구)을 사용한다.

Weinberg는 컴퓨터가 환자의 인지적인 능력을 모니터링할 수 있는 가능성에 주목하였다. 이를테면, 컴퓨터는 구도와 색상 그리고 디자인을 결정하는 과정을 인식하고 기억할 수 있다. 이와 관련지어 생각해 보니, 환자들이 의사 결정과 문제 해결 그리고 자신을 창의적으로 표현하는 데 컴퓨터를 어떻게 사용하는지 살펴보는 것을 목적으로 연구할 때 컴퓨터가 유용한 도구로 사용될 수 있었다. 나는 Weinberg가 특히 어떻게 하면 사람들이 컴퓨터 테크놀로지와 창의적이고 치료적으로 만날 수 있는지, 그리고 우리가 어떻게 이 기술을 미술치료 연구에서 사용할 수 있는지에 관한 연구 영역에서 아직은 제대로 개척되지 않은, 컴퓨터 미술치료의 가능성을 인정한 일종의 '비전 제시자'라고 믿는다.

미술치료사 Devorah S. Canter는 1980년대에 등장하였는데,

[그림 1-2] Diane Weinberg가 컴퓨터를 사용해 그린 세 가지 그림

※ 미국미술치료학회의 허락을 받아 실음

Weinberg와 마찬가지로 미술치료와 컴퓨터의 인터페이스에 대한 비전과 열정 면에서 한발 앞서 나간 사람이었다. 그녀는 미국미술치료학회(American Art Therapy Association)의 국제학술대회에서 컴퓨터 테크놀로지에 관해 시연한 바 있으며, 후에 그 내용을 학술지에 「미술치료와 컴퓨터(Art Therapy and Computers」(1989)라는 제목으로 발표하였다. 논문에서 Canter는 설득력 있는 사례를 통하여, 특히 아동이나 청소년처럼 어릴 때부터 컴퓨터를 접하고 편안하게 느끼는 사람들과 함께 작업할 때, 왜 컴퓨터가 선택할 만한 매체인지 그 이유를 설명하였다. 예를 들어, 그녀는 학습장애 아동과 청소년들이 컴퓨터 소통 방식을 통하여 다른 환경에서는 경험하지 못했던 성취감을 느끼며, 이러한 경험을 통해서 집중력과 자존감이 향상되었으며, 컴퓨터가 이를 더욱 촉진한다는 임상적인 관찰 결과를 발표했다.

인터넷의 출현

넷상의 미술치료사

Canter의 작업 이후에는 컴퓨터가 미술치료의 치료적인 작업에 미치는 영향에 대한 간헐적인 언급이나 예견을 제외하고는 컴퓨터와 미술치료에 관한 논문이 이상할 만큼 별로 발표되지 않았다. 그러다가 1990년대 중반, 가정용 컴퓨터 사용에 관한 새로운 국면이 전개되면서 전환점을 맞게 되었다. 이 무렵부터 인터넷 서비스 업체(Internet Service Providers: ISP)를 이용할 수 있게 되었고, 그 규모가 커지기 시작했으며, 누구나 컴퓨터와 전화선만 있으면 이메일을 주고받을 수 있게 되었다. 나는 이러한 커뮤니케이션 분야에 대한 정보를 듣자마자 매료되어 최신 인터넷 서비스 업체인 'AOL(America Online)'의 초기 가입자가 되었고, AOL을 통해 미술치료사이자 사이버공간의 여행 동반자인 Barbara Levy와 정기적으로 교류하기 시작하였다. 그녀는 컴퓨터 테크놀로지에 무척 관심이 많았는데, 특별히 온라인을 통한 소통과 원격교육에 흥미를 느끼고 있었다. Levy는 초기에 인터넷 서비스 업체인 '델파이(Delphi)' 공간에서 창의적인 미술치료 전자게시판을 운영하였으며, 이후에는 이를 AOL의 '건강한 삶의 순간(Better Health at the time)'으로 확장시켜서, 이 전자게시판이 1990년대 중반 동안 활성화하는 데 매우 헌신하였다.

나는 Levy가 보여 준 컴퓨터 소통 방식에 대한 헌신이 적어도 미국 미술치료사들의 컴퓨터와 미술치료에 대한 관심에 다시 불을 지폈다고 믿는다. 이렇게 높아진 관심의 결과로 나와 Levy는 1995년 미국미술치료학회의 '제16회 연례 학술대회'에서 컴퓨터와 소통에 관한 우리의 경험을 알리기 위하여 '온라인 소통 방식을 통한 미술치료'에 관하여 발표하였다. 놀랍게도 발표장은 당시 우리가 인터넷을 비롯하여 Levy가 만든 창의적인 미술치료 전자게시판과 실시간 온라인 미술치료 채팅에 관하여 언급한 모든 내용을 자세히 받아 적는 참석자들로 가득 찼다. 미술치료사들이 조직을 만들고 지역적 또는 국제적인 커뮤니티를 구축하기 위한 수단으로서 인터넷을 강조하기는 했지만, 우리의 사명은 미술치료사들을 위한 '도구로서의 컴퓨터 테크놀로지'를 촉진시키려는 것임을 분명히 하였다. 우리는 그저 컴퓨터와 관련된 것들을 좋아하는 일종의 '사이버 애호가'일 뿐이었다.

우리의 발표에는 AOL의 창의적인 미술치료사들을 위한 온라인 게시판과 채팅 공간의 시연도 포함되어 있었다. 내가 기억하는 한, 이것은 연례 미술치료 학술대회에서 미술치료사를 위해 이루어진, 최초이자 유일한 온라인 가상공간의 시연이었다. 학회에서 우리가 어떤 내용을 발표했는지 확실히 다 기억나지는 않지만, 참석한 사람들에게 실시간 사이버공간의 예를 보여 주기 위해서, 호텔 직원에게 전화선을 연결시켜 달라고 부탁하는 과정이 얼마나 힘들었는지 아직도 기억이 생생하다. 아무튼 나는 그들을 납득시켰고(적당히 신경질을 냈는지도 모르지만), 발표 중에 전화선을 연결하는 데 동의를 받아 냈다. 우리는 Levy의 노트북으로 온라인에 접속하여 프로젝터와 연결해 큰 스크린에 발표 자료를 띄우고 나서, 미술치료사들이 인터넷 서비스 공간을 활용하여 실시간으로 온라인 토론을 할 수 있는 방법과 전자게시판 및 다른 서비스 공간을 이용하여 사람들에게 메시지를 전송하는 방법을 보여 주었다.

이러한 발표 이후에, 우리는 비슷한 시기에 AOL 공간에서 미술치료사를 위한 최초의 국제 온라인 채팅을 주최하였다. 몇몇 미술치료사들은 화면에 오직 문자만을 타이핑해서 다른 이들과 처음으로 대화를 시도해 봤는데, 그들은 그것이 매우 재미있는 경험이었다고 말했다. 온라인 채팅은 성가신 일이기는 하지만, 여러 사람들이 동시에 사이버공간에서 소통한다는 점에서 무척 흥미로워 보였다. 그 행사 이후에 Levy가 활발한 활동을 촉진하기 위하여 메시지 게시판을 구축하였는데, 이 공간은 미술치료에 대하여 토의하고 토론하는 최초의 국제적인 포럼의 하나가 되었으며, 세계 방방곡곡에서 가입하기 원할 만큼 활성화되었다.

훨씬 더 싸고 좋아진 컴퓨터를 비롯해서 레이저프린터 및 잉크젯프린터와 빠르고 더 세련되어진 인터넷 서비스 그리고 디지털 기술 등을 당연하다고 여기는 오늘날의 시각에서 보면 당시의 기술은 하잘것없어 보이지만, 행사가 치러진 불과 몇 년 전만 해도 참석자들에게는 너무나 참신하게 느껴졌다. 이처럼 Levy는 시대를 앞서 갔으며, 인터넷과 온라인 소통과 관련해서 최첨단 기술을 받아들인 사람이다. 반면에 나는 솔직히 그 당시 대부분의 다른 사람들처럼 간신히 새로운 기술을 따라가고, 이메일을 배우며, 넷 공간을 서핑하는 정도였다.

1990년대 후반이 되자 소통과 창의성 그리고 치료적인 중재를 위하여 컴퓨터 테크놀로지의 잠재성을 탐색하고 확장하려는 미술치료사들이 늘어나기 시작했다. 예를 들면, 온라인 소통 영역과 관련하여 미술치료사 Chriss Berk는 AOL에서 매주 '치료로서의 미술(Arts in Therapy)'에 관한 채팅을 주관하였다. 캐나다의 미술치료사 Petrea Hansen-Adamidis는 미술치료 문헌과 자료로 이루어진 웹사이트를 구축했으며, 국제미술치료협회(International Art Therapy Association)도 회원과 일반 대중을 위한 웹사이트를 구축하였다(자세한 내용은 '제3장'과 '제4장' 참조).

동시대 컴퓨터 중재 미술치료의 선구자

현재 미술치료사들도 드로잉과 페인팅 프로그램 및 사진 소프트웨어를 활용하여 내담자에게 치료적인 경험을 제공할 수 있는 새로운 기법을 개발하기 위하여 컴퓨터 테크놀로지를 적극적으로 활용하고 있다. 미술치료사인 Barbara Parker-Bell(1999a, 1999b)은 이러한 연구 분야의 선구자로서, 어떻게 하면 미술치료사들이 다양한 그래픽 소프트웨어를 쌍방향적이고 치료적인 도구로 활용할 수 있을지를 광범위하게 연구하였다. Kate Collie(1998) 그리고 Collie와 Davor Cubranic(1999)은 심리 분야의 원격보건 모델과 관련된 미술치료 서비스 개발의 선두 주자로서, 어떻게 하면 기존의 원격보건과 컴퓨터 테크놀로지를 활용하여 미술치료를 효과적으로 제공할 수 있을지에 관하여 연구하고 있다. 그들은 암이나 다른 치명적인 질병을 앓는 사람들에게 미술 중심의 원격 심리치료 서비스를 창출할 수 있는 방법과 실시간(동시적) 미술치료 보건의료 서비스를 위한 설계 틀을 개발 중에 있다. 미술치료사 Carol McLeod(1999)는 학교에서 이루어지는 그녀의 작업에 컴퓨터와 소프트웨어를 활용하는 일에 도전하여, 이러한 기술이 아동과 청소년뿐 아니라 모든 연령대의 사람들의 창의적인 표현을 강화할 수 있다는 것을 증명하였다. 병원들도 환자들이 그래픽 소프트웨어를 사용하고 전자 소통 방식에 참여하도록 권장하여 병원 밖의 사람들로부터 사회적인 지지를 받을 수 있도록 함으로써, 환자들이 질병이나 입원에 대한 감정을 표현하고 이를 극복하는 능력을 강화하는 데 컴퓨터를 활용하고 있다[예, 별처럼 빛나는 아동 후원재단(the Starbri-ght Foundation, http://www.Starbright.org)].

어떤 미술치료사들은 컴퓨터와 디지털 기술을 단지 환자를 위한 치료적 중재 수단뿐만 아니라 치료사 자신의 자기표현을 담는 매체인 '사이버 미술치료실'로 이용한다. 이 책의 '제5장'에서 Shaun McNiff(1999)는 미술치료실에서 일하는 틈틈이 자신의 창의성을 자극하기 위하여 사무실 컴퓨터를 어떻게 활용하는지 설명한다. 인터넷과 웹 공간을 활용해서 자신의 작품을 전시하는 미술치료사들도 간혹 있는데(Don Jones, 2000), 이 공간을 활용하면 전통적인 갤러리나 미술관을 통하는 것 이상으로 많은 사람들에게 작품을 보여 줄 수 있다. 이처럼 미술치료 작업에 컴퓨터 테크놀로지를 적용해서 자신의 전문성과 개인적인 삶의 질을 향상시킬 수 있는, 다양하고 무한한 방법을 연구하는 치료사들이 소수이기는 하지만 존재한다.

마지막으로, 미술치료 교육 분야 역시 컴퓨터 테크놀로지가 학습에 미치는 영향력에 대하여 감지하기 시작하였다. 이제 교육 기관들은 이 분야에서 높아지고 있는 서비스의 수요를 충족시키기 위하여 교과과정에 컴퓨터 실습을 포함하는 방안을 고려하고 있다. 예를 들면, 뉴욕에 있는 시각예술학교(the School of Visual Arts)는 미술치료사들이 컴퓨터 테크놀로지를 교육이나 치료 환경에 적용하는 것을 목표로 두고, 석사 과정 내에 컴퓨터 미술을 경험할 수 있도록 통합시켜 나가고 있다(D. Farber, 비공식적 견해). 세인트메리 대학(St Mary's College)과 필립스 대학원(Phillips Graduate Institute) 같은 학교들도 미술치료 관련 정보와 교육 경험에 대한 수요가 전 세계적으로 증가함에 따라 향후 10년 내에 성장이 기대되는 미술치료 교육 분야에 원격학습 기회를 제공할 계획이다(K. Gotshall & N. Hass Cohen, 비공식적 견해).

원격교육에는 원격보건에 대한 기본 원칙과 함께 전화와 팩스, 이메일, 인터넷 전자게시판, 실시간 원격화상 코스 등 전자 소통 방식이 포함된다. 수년 내로 학생의 학습 방식의 일부로 전자 소통 방식을 사용하는 일반적인 고등교육의 추세에 발맞추어, 미술치료 교육에도 컴퓨터 테크놀로지를 사용하는 몇 가지 원격학습 모델이 포함될 것이다.

미술치료와 컴퓨터 테크놀로지

사이버 미술치료의 가능성

『사진치료(Photo Therapy)』라는 책의 서문에서 Judy Weiser는 다음과 같이 언급하였다.

> 인생은 엄청난 속도로 앞을 향해 돌진하는 듯하다……. 이 책이 1993년에 처음 출판되었을 때, 나는 디지털 이미지를 가지고 전자적인 조작과 소통이 쉽게 이루어질 수 있다면, 가정용 컴퓨터를 사용하는 '일반' 사람들이 쉽게 받아들일 수 있는 '사진치료'의 서막

이 열릴 것이라는, 흥미로운 가능성을 제시했을 뿐이다.

그녀는 무척 짧은 세월 안에 이루어진 엄청난 진보의 예로, 자신의 사적인 작업을 위한 웹사이트 개발, 디지털 기술을 이용해 학생들을 지도할 수 있는 기회, 온라인 사이트를 통하여 평생교육을 제공할 수 있는 능력 등을 제시하고 있다. "물론 앞으로 다가올 6년 동안 도대체 어떤 일이 벌어질지 예견할 수는 없지만, 내가 한 가지 확신할 수 있는 것은 그중 일부는 아직까지 상상조차 하지 못했던 일일 것이라는 점이다……"(1999, p. 3). Weiser는 이제 컴퓨터와 인터넷에 접속할 수 있는 사람이면 누구나 전자적으로 사진 이미지를 저장하고, 간단한 사진과 페인팅 프로그램으로 그 이미지를 변형시켜서 세계 어느 곳, 누구에게나 전송할 수 있다고 주장한다. 컴퓨터 매체와 디지털 기술의 급속한 변화를 통하여 활용할 수 있게 된 이 흥미롭고 색다른 가능성은 표현과 소통 그리고 창의성을 위한 다양한 수단 중 일부분이다.

종합병원과 개인병원, 학교와 그 밖의 환경에 있는 미술치료사들은 이미지를 활용하여 환자의 소통과 삶의 질을 향상시키고, 행복한 삶을 달성하는 것이 주업이다. 따라서 이들은 어떻게 하면 새로운 기술과 미술치료 과정의 접점을 마련할 수 있을지 심각하게 고민하고 인식할 필요성을 느낀다는 점에서 보건의료 및 정신의학 분야에서 독특한 위치에 있다. 컴퓨터는 어렵고 너무 기술적으로 보여서 심지어 누군가에게는 부담스러울 수도 있다(Kramer et al., 1995). 그러나 이제는 이러한 기술이 어떻게 치료적인 작업과 소통에 영향을 주는지, 그리고 미술치료사와 함께 작업하는 치료 대상자들의 삶에 어떤 영향을 주는지에 관해서 더 이상 모른 척할 수 없게 되었다. 만일 미술치료사들이 컴퓨터 테크놀로지를 협조자로 보게 된다면, 새로운 가능성의 세계로 자신의 일을 확장시킬 잠재력을 손에 쥐는 셈이다.

제2장

컴퓨터와 주변기기 그리고 소프트웨어에 대한 길잡이

_미술치료 도구

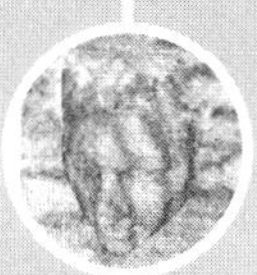

컴퓨터 테크놀로지와 주변기기, 소프트웨어 그리고 아찔한 순간

1999년 12월 이 책을 쓰기 시작할 당시, 남편은 나에게 그동안 컴퓨터를 몇 대나 소유했었는지 헤아려 볼 것을 제안했다. 12년 동안 총 5대를 사용했으니까, 평균 2년 반에 한 번씩 새 컴퓨터를 구입한 셈이다. 나는 주로 매킨토시(Macintosh)를 썼는데, 처음에 썼던 매킨토시는 최초의 '애플 컴퓨터(Apple Computer)' 중 하나였다. 당시 매킨토시는 흑백 화면에 아주 작고 납작한 편이었는데, 나는 주로 문서 작업을 했으며 간혹 컴퓨터게임을 했다. 이 컴퓨터는 저장 용량이 20MB로 너무 작아서 추가로 하드드라이브 10MB를 구입했다. 그때만 해도 30MB는 저장 용량이 상당히 크다고 여겼다. 요즘에는 6GB의 컴퓨터를 사용하고 있는데, 얼마 후면 이것조차 작게 느껴질 날이 곧 올 것이다.

현재 내가 사용하고 있는 'iMac'에는 지금까지 상상조차 하지 못했던 다양한 기능이 들어 있다. 정교한 탁상출판(개인용 컴퓨터와 레이저프린터를 이용한 편집 출판-역주)이 가능하며, 인터넷과 웹에 빠른 속도로 접속할 수 있고, 창의적인 그래픽 및 사진보정 프로그램을 활용할 수 있다. 또한 책의 일부를 스캔받아서 문서 작업을 위한 텍스트로 변형하는 것이 가능하며, 강의를 위해 슬라이드나 필름용지를 만드는 프로그램도 있고, 문서와 이메일을 큰 소리로 읽어 주는 '말하는 텍스트' 기능도 들어 있다. 뿐만 아니라 가정용 컴퓨터와 호환이 가능하며, 즉각적으로 사용하기에 편리한 디지털 기술이 속출하고 있어서 시간만 있다면 스스로 영화도 만들 수 있다. 게다가 이 놀라운 기술을 비교적 저렴한 비용으로 이용할 수 있다.

반면에 아무리 똑똑한 사람도 컴퓨터를 스스로 작동하고 '스캐너'와 '모뎀' 같은 기기를 능숙하게 다루는 일은 불안감과 당혹감을 안겨 주며 이는 부담스러운 일이 아닐 수 없다. 솔직히 살면서 가장 불안했던 순간을 떠올려 보면, 나의 개인 컴퓨터를 다루다가 문제가 생긴 순간이 대부분이었다. 새 컴퓨터나 주변기기 또는 소프트웨어의 기능을 배우는 일은 수년간 여러 대의 컴퓨터를 소유했던 사람에게조차 어렵고 시간이 많이 걸리는 것은 물론 불안감을 유발하는 사건임에 틀림없다.

우리는 대부분 스크린이 움직이지 않거나 사용 중이던 응용프로그램이 꺼지는 등 컴퓨터가 '먹통(crashes)'이 되거나 소프트웨어를 다룰 때 생기는 다양한 문제점들에 익숙한 편이다. 적어도 공공기관과 병원 그리고 회사에는 기술적인 지원을 해 주는 부서가 있어서 도움을 받는다. 그러나 가정용 컴퓨터를 개인 용무나 사적인 업무 또는 사업을 위해서 사용하는 사람들은 일이 잘못되었을 때

[그림 2-1] 최첨단 기술을 따라가는 일은 고통스럽다
※ 허가를 받고 게재함

훨씬 더 불편한 상황에 처하게 된다([그림 2-1] 참조).

이 책을 쓰는 데 사용하고 있는 새 컴퓨터 'iMac'은 문서 작업이나 프린팅 그리고 스캔받는 일이나 인터넷에 접속하기 위해 프로그램을 설치하는 일이 비교적 쉬운 편이다. 최근 경험한 일들을 떠올려 보면 스스로 운이 좋았다고 생각한다. 왜냐하면 이 일과 관련한 불안감을 단지 나흘 동안만 겪었기 때문이다. 하루는 문서의 백업을 위해 구입한 '집 드라이브(Zip Drive I)'가 왜 작동하지 않는지를 파악하는 데 소비했고(드라이브가 불량이었다), 또 하루는 내장형 팩스 프로그램 작동법을 익히는 데 소진했다. 운 좋게도 나는 팩스 회사의 웹사이트에 있는 기술지원 부서에 전화를 걸어서 내가 겪고 있는 문제를 검토하고 그들의 안내를 따른 결과, 팩스 문제를 간단히 해결할 수 있었다. 해결 방법은 팩스 프로그램을 재설치하면 되는 것이었다. 웹사이트에 재설치 방법이 정확히 나와 있어서 그대로 했더니, 그날 바로 팩스가 정상적으로 작동되었다.

가장 끔찍한 문제를 해결하는 데 나머지 이틀이 걸렸다. 어느 날 아침 이메일을 확인하려고 컴퓨터 앞에 앉았는데, 아무 경고도 없이 갑자기 스크린에서 익숙했던 아이템이 사라지기 시작했다. 스크롤바가 없어졌고, 하드디스크의 아이콘도 사라졌다. 그러고 나서 마치 이 정도로는 나의 혈압을 위험 수위까지 올리는 데 부족하다는 듯이, 스크린이 요란스러운 총천연색으로 바뀌면서 깜빡거리기 시작했다. 마음을 진정시키려고 노력한 나는 이 방법이 대부분의 문제를 해결했다는 생각을 하면서, 항상 그랬듯이 컴퓨터를 재부팅했다. 몇 분 안에 모든 것이 정상으로 돌아올 것이라는 일말의 희망을 가졌지만, 이 안도감은 그리 오래가지 않았다. 컴퓨터 스크린에 심장을 멈추게 할 만한 이미지가 나타난 것이다. 중대한 시스템의 오류가 있음을 나타내는 폭탄 모양의 아이콘이 바로 그것이다. 그 후 나의 컴퓨터는 완전 먹통이 되어 버렸다.

하루하고도 반나절 동안 컴퓨터로 인한 우울과 발작이 교차되는, 다양한 신경과민 상태를 겪은 다음에야 예전에 소프트웨어를 몇 개 구입한 적이 있는 컴퓨터 대리점의 기술자(이미 전화상으로 신경과민 상태의 나를 진정시키는 치료사 역할도 했던)를 호출했다. 머지않아 그는 문제점을 추론할 수 있었다. 내가 설치한 컴퓨터 백신 프로그램(그의 회사가 아무런 문제없이 작동될 것이라고 광고하며 팔았던)이 컴퓨터의 운영체계와 호환이 되지 않았던 것이다. 백신 프로그램은 기본적으로 내가 수행한 모든 기능을 바이러스라고 인식하고 필사적으로 모든 위험을 제거하기 위해서 노력한 결과, 충돌을 해결하기 위해 모든 운영체계를 완전히 정지시켜 버렸던 것이다.

이런 경험을 해 본 사람들은 이 사건을 겪는 동안 내가 어떤 감정을 느꼈을지 공감할 것이며, 아마도 이런 상황을 매우 정확하게 예상할 수 있을 것이다. 너무나도 괴로운 시간이 지나간 후, 남편은 내가 우리 집 고양이 두 마리와 함께 캘리포니아 산 레드와인을 마시면서 침대 모서리에 걸터앉아 있는 모습을 지켜봐야 했다. 그 일을 계기로 남편은 컴퓨터가 깜박거리기만 하면, 그날 저녁식사는 물 건너 갔으며, 적어도 내가 다음 날 아침까지는 괴물이 될 것이라는 사실을 깨달았다. 내 친구 Ewa는 시스템 충돌로 인해 컴퓨터 안의 모든 정보를 잃어 무력감을 느낄 때는 진정제만이 유일한 치료제라는 것을 발견했다고 한다. 처절하게 절망감이 느껴지고, 인지적 기능이 제대로 작동하지 않는 듯한 감정이 일어나는 것을 피할 수 없다면, 가능한 한 어떤 수단을 동원해서라도 불안감을 줄일 필요가 있다. 컴퓨터가 다운되는 문제를 성공적으로 해결하고 나면 커다란 안도감을 느낄 수는 있지만, 여기에 소모된 에너지는 가방을 잃어버리거나 집에 강도가 들었다는 것을 알아챘을 때의 느낌만큼 큰 충격으로 다가올 수도 있다.

컴퓨터와 소프트웨어 그리고 주변기기와 관련하여 내가 겪은 개인적인 고통을 함께 나누고 난 지금, 비록 어느 날은 컴퓨터를 창문 밖 마당으로 집어 던지고 싶은 충동에 휩싸이기도 하지만, 그럼에도 불구하고 이 첨단 기술 없이는 절대로 살 수 없다는 사실을 실감한다. 컴퓨터는 이미 우리 삶의 중요한 일부가 되어서 앞서 언급한 것과 같은 문제점을 겪을 때조차도 그 기간이 유예된 만큼 컴퓨터가 없는 세상에서 살아가는 것을 원치 않는다. 컴퓨터가 가져다 준 저술 활동의 효과성과 소통 그리고 가끔씩 주어지는 창작의 자유는 컴퓨터가 고장 났을 때 나타나는 신경증보다 훨씬 더 값지기 때문이다.

컴퓨터

실제적으로 치료적이거나 창의적인 미술치료 작업에 컴퓨터 테크놀로지를 적용하기 전에 컴퓨터, 주변기기 등의 컴퓨터 장비와 소프트웨어에 대하여 파악하는 것이 중요하며, 무엇보다도 기기가 잘못되었을 때(불가피하게 일어날 수밖에 없는)를 대비해 지원 방법에 대해서도 반드시 알고 있어야 한다. 시작 단계에서 구입을 권장할 만한 하드웨어로는 컴퓨터와 모니터 그리고 프린터가 있다([그림 2-2] 참조). 매주 새로운 컴퓨터 사양이 시장에 나오기 때문에 컴퓨터를 평가 · 비교하거나 온라인 소통 방식 및 그래픽 분야에서 컴퓨터의 성능이 어떨지를 독자에게 알려 주는 일은 거의 불가능하다. 그러나 지난 20년간의 시간과 미래에 대한 예측에 비추어 볼 때, 우리에게 선택 가능한 컴퓨터에는 다음의 두 가지가 있다. '매킨토시(Macs, Apple/Macintosh)'와 IBM 기술을 기반으로 한 'PCs(이하 PC)'가 그것이다. PC는 수많은 회사들이 만들어 판매하고 있으며, 최근에는 컴퓨터 시장을 지배하고 있다. 또한 가격이 싸고 소프트웨어 프로그램이 다양하며 활용 범위도 넓어서 매킨토

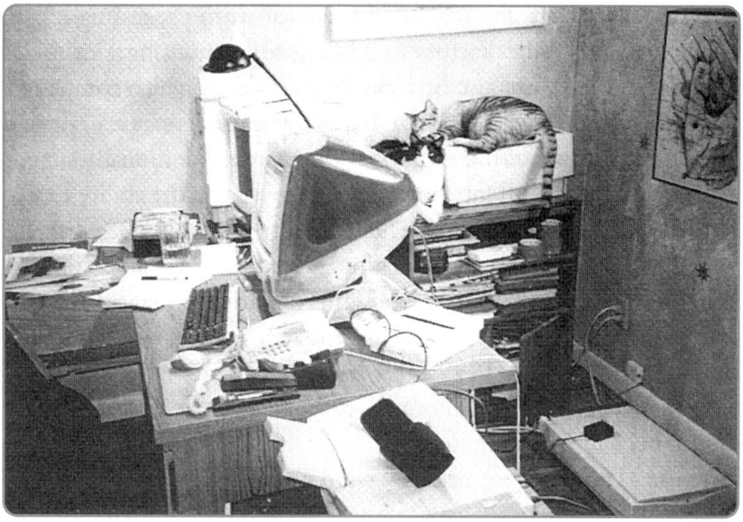

[그림 2-2] 저자의 '디지털 세상' : 레이저프린터는 고양이에게 최상의 보금자리다

시보다 구매력이 높다. 대신 매킨토시는 사용하기 쉬운 체제로서 컴퓨터 바이러스에 덜 취약하기 때문에 예술가나 그래픽디자이너들에게 전 세계적으로 인기를 끌고 있다. 일반적으로 매킨토시용으로 나온 프로그램의 수는 적은 편이지만, PC와 비교해서 특히 교육 관련 프로그램과 미술 작업 프로그램이 더 쉽게 느껴진다는 장점이 있다.

내 생각에 가장 중요한 점은, 사용하거나 구입하려는 컴퓨터에 대해서 당사자가 얼마나 편안하게 느끼는가 하는 것이다. 애플 컴퓨터에 관해서 알아본 나는 결국 PC를 구입하였다. 그러나 그 후에 PC의 번거로운 면에 질려서 그때 이후로는 '애플' 제품을 사용하고 있다. 이 말은 마치 '애플' 사의 광고처럼 들리겠지만 일반적으로 예술가들은 '애플'의 미적인 성능에 박수를 보내는데, 실제로 많은 사용자들이 그래픽이나 드로잉 프로그램을 수행할 때 높은 신뢰감을 느끼게 된다. 그러나 많은 사람들, 특히 문서 작업용으로만 컴퓨터를 사용하는 사람이라면 PC로 작업하는 데 아무런 문제도 느끼지 못할 것이다.

컴퓨터를 선택할 때 염두에 두어야 할 몇 가지 요인이 있는데, 그것은 다음과 같다. 무엇보다도 모니터의 크기는 컴퓨터의 구매를 결정할 때 고려해야 할 중요한 요인이다. 나는 15인치 모니터를 쓰는데, 예술가들은 대부분 시각적인 작업 공간을 추가적으로 확보하기 위해 17인치나 그 이상의 크기를 선호한다. 그 외에 메모리 용량도 중요하다. 메모리가 크면 그만큼 큰 파일을 저장할 수 있기 때문이다. 메모리 용량은 특히 그래픽 작업을 저장할 때 고려해야 할 점이다. 3.5디스켓과 집 디스크 그리고 CD를 읽을 수 있는 능력 또한 고려 대상이다. 대부분의 이미지는 3.5디스켓이 저장할 수 있는 용량보다 더 큰 저장 공간을 차지하기 때문에, 만일 컴퓨터를 사용해 이미지를 저장할 계획을 세웠다면 추가 집 드라이브나 CD를 읽을 수 있는 장치가 필요하다.

Barbara Parker-Bell(1999a, p. 180)은 '정보에 밝은 소비자가 되는 것이 컴퓨터를 능수능란하게 다루는 미술치료사가 되기 위한 첫 번째 단계'라는 관점에서 컴퓨터를 바라본다. 나는 이 관점에다가 개인적인 문서 작성이나 미술 작업 또는 환자와 함께 작업하기 위해서 컴퓨터를 사용한다면, 치료사인 당신이 먼저 컴퓨터를 편안하게 느끼고, 그것을 사용하는 일을 즐겨야 한다고 덧붙이고 싶다. 또한 어떤 환자가 컴퓨터를 사용할지 그리고 환자와 함께 당신의 컴퓨터를 어떻게 활용할지 생각해 볼 필요가 있다. 목표가 정해졌다면, 그들이 편안하게 느낄 만한 장비가 무엇인지 생각해 보고 결정해야 한다. 예를 들어, 아동용 마우스만 해도 종류가 매우 다양하다. 신체적인 장애가 있는 사람들 역시 특별하거나 그들에게 적합한 장비가 필요하다(더 많은 정보는 '부록 3' 참조). 나는 병상에 있는 아동들과 작업할 때는 노트북을 사용하는데, 심각한 병을 앓고 있는 아동들은 매우 쇠약하거나 정맥주사를 맞고 있어서 침대에서 나오기가 힘들기 때문이다. 이럴 때는 노트북이 매우 큰 도움이 된다.

프린터

프린터의 종류는 수없이 많지만 가정용 컴퓨터 소유자들에게 인기 있는 프린터에는 잉크젯(solid ink-jet)프린터와 레이저(laser)프린터가 있다. 잉크젯프린터는 가격이 저렴하며, 흑백으로 문서를 인쇄하거나 컬러 삽화가 들어가는 출판 또는 컬러 이미지나 사진의 인쇄에 적합하다. 대부분의 잉크젯프린터들은 윤곽이 뚜렷하고 색감이 좋은 고품질 이미지를 산출하는데, 특히 잉크젯프린터용으로 나온 특수 용지를 사용하면 인쇄된 이미지의 품질을 높일 수 있다.

레이저프린터는 흑백 인쇄와 그래픽 작업 그리고 탁상출판을 하는 데 큰 발전을 가져왔다. 현재 시장에는 저렴한 흑백 레이저프린터들이 나와 있다. 과거에 레이저프린터는 매우 고가여서 가정용 컴퓨터 소유자가 구입하기에는 무리였다. 지금도 레이저프린터는 여전히 고가이며, 가격에 비해 질이 괜찮은 잉크젯프린터도 많이 나와 있다.

스캐너

스캐너는 이미지나 사진 또는 글을 컴퓨터나 디스크로 옮겨 담기 위해서 복사하는 데 사용된다. 가장 일반적인 사양은 평판 스캐너(flatbed scanner)라고 알려진 것이다. 평판 스캐너는 사진('제1장'에서 사진을 스캔해서 만든 나의 콜라주 작업처럼)을 스캔할 수 있으며, 다양한 종류의 문서를 복사하는 데 이상적인 기기다. 대부분의 스캐너에는 인쇄된 내용을 편집이 가능한 디지털 형태로 바꾸어 주는 광학식 문자판독장치(Optical Character Recognition: OCR)가 장착되어 있다. 평판 스캐너에는 대부분 투명필름 스캔 장치가 있어서 슬라이드 스캔도 가능하다. 투명필름 어댑터는 기본적으로 투명한 매체에 동일한 빛을 분산시키는 스캐너 커버다. 또한 특별히 스냅사진 크기의 사진을 스캔하기 위해 설계된 프린터나 사진 스캐너도 있다. 이 스캐너는 오랜 기간 모아 둔 사진을 디지털화할 때 유용하다.

비록 스캐너를 가지고 있지 않더라도 가정용 컴퓨터에 사용할 목적이라면 외부에서 디스켓에 사진을 스캔해 담아 주는 방법도 쉽게 찾아볼 수 있다. 이러한 서비스는 적은 비용으로 대부분의 사진관에서 이용이 가능하다. 이 서비스의 문제점 중 하나는 필름을 사진관에 맡겨 현상하고 스캔할 때 잘 나온 사진뿐만 아니라 잘 못 나온 사진이나 이상하게 나온 사진의 스캔 비용까지 모두 지불해야 한다는 점이다. 따라서 정상적으로 이미지를 현상하고 난 다음에, 잘 나온 사진을 골라 스캔하는 편이 훨씬 더 나을 것이다. 또한 사진을 웹사이트를 통해서 스캔받고 그 공간에서 이용할 수도 있다. 그런 뒤 웹에 있는 이 사진들을 복사하여, '어도비 포토샵(Adobe Photoshop)'과 같은 사진 응용프로그램을 사용해 보정할 수 있다(p. 63의 '소프트웨어' 부분 참조).

디지털카메라

디지털 사진은 전통적인 필름 대신에 이미지 센서를 이용해 사진을 기록하는 새로운 방식으로 만들어졌다. 전통적인 사진과 비교해 볼 때 디지털 사진에는 크게 두 가지 장점이 있다. 즉시성과 유연성이 그것이다. 즉시성은 카메라 뒤편의 작은 LCD 화면으로 이미지를 즉시 보거나 텔레비전 화면으로 슬라이드 쇼처럼 볼 수 있는 기능을 말한다. 유연성은 이미지가 보편적인 형식으로 저장되어 있어서 다양한 종류의 장치나 응용프로그램 사이에서 쉽게 이동할 수 있는 특징을 가리킨다. 예를 들어, 디지털 이미지를 작성 중이던 문서 안에 삽입하거나 이메일로 친구에게 보낼 수도 있고, 웹사이트에 올릴 수도 있다. 아울러 사진보정 프로그램을 활용해 이미지를 개선하거나 변형시키는 등의 조작도 가능하다. 이 외에 사진을 자르고 적목 현상(red-eye effect)을 제거할 수 있으며, 색상이나 색대비에 변화를 주고, 심지어 사진 안의 요소들을 더하거나 제거할 수도 있다.

디지털 사진은 화소 또는 픽셀(pixel)이라 불리는 수천 또는 수만의 작은 사각형으로 이루어진다. 인상파 화가들이 소량의 물감을 찍어서 아름다운 풍경을 그려 낸 것처럼, 컴퓨터와 프린터를 활용하면 이러한 작은 픽셀을 사용하여 사진을 화면에 보여 주거나 종이에 인쇄할 수 있다. 디지털 사진 촬영 기술(카메라와 비디오)에 관한 주제는 너무 방대해서 이 장에서 모두 설명하는 것은 불가능하다. 그러므로 더 많은 정보를 원한다면 참고할 만한 훌륭한 사이트(http://www.shortcourses.com/book01/contents.htm)가 있는데, 디지털 사진 촬영 기술에 관한 단기 강좌도 제공하고 있다.

모 뎀

모뎀은 전화선을 이용해 인터넷에 연결해 주는 장치인데, 만일 추가적인 소프트웨어가 있다면 모뎀을 통해 팩스를 주고받을 수 있다. 오늘날 대부분의 컴퓨터에는 내장 모뎀이 들어 있다. 예전에 컴퓨터를 사용할 때, 나는 외장 모뎀을 가지고 있었다. 외장 모뎀이란 컴퓨터의 옆에 놓고 컴퓨터 하드드라이브와 연결해서 사용하는 모뎀을 말한다.

모뎀과 전자 소통 방식에 있어서 얼마나 빠르게 기술의 변화가 이루어지는지 이해를 돕기 위해서 1996년에 내가 관찰했던 내용을 살펴보자. "행복하게도…… 새로운 컴퓨터를 가지고 온라인에서 28,800bps 혹은 그 이상의 속도를 내는 일이 점차 보편화되고 있으며, 대학에 있는 사람들 중에는 굉장히 빠른 속도로 데이터를 전송할 수 있는 직통 케이블을 가진 이들도 있다"(Malchiodi, 1996a, p. 150). 그 이후로 정말 많은 것들이 바뀌었다. 이제 56,000~90,000 bps는 표준 속도가 되었고, 이 책이 출간될 쯤에는 그 속도를 넘어서 엄청난 발전이 이루어질 것이라고 믿어 의심치 않는다. 앞으로는 더 쉽게 온라인에 접속할 수 있게 될 것이며, 인터넷 연결이 훨씬 더 안정적으로 될 것이다.

오늘날 가정용 컴퓨터 소유자들도 적절한 비용으로 케이블과 디지털 그리고 광대역 접속(broad-band)을 이용할 수 있게 되었는데, 직장과 병원 그리고 대학의 경우 이 정도는 기본이다. 모뎀을 통해서 인터넷에 접속하려면 인터넷 서비스 업체(Internet Service Provider: ISP)가 있어야 하는데, 이와 관련된 내용은 '제3장'에서 자세히 다룰 것이다.

소프트웨어

컴퓨터처럼 소프트웨어도 자주 바뀌기 때문에 1~2년 내에 없어질지도 모르는 것들에 대해서 논평하기란 쉽지 않다. 다음 단락에서 나는 한동안 시장에서 사용되고 있으며, 적어도 가까운 미래에는 사라지지 않을 소프트웨어의 목록을 실었다. 그러나 새로운 아이템이 계속 개발되기 마련이므로, 최신 정보와 제품을 확인하기 위해서는 컴퓨터 소프트웨어 판매상에게 문의하거나 웹에서 검색해 보는 것이 좋다.

현재 시중에 나와 있는 소프트웨어에 대한 논평이나 다른 사람들이 발견한 유용하고 작동하기 쉬운 소프트웨어 등에 대하여 알고 싶을 때, 방문할 만한 웹사이트들이 많이 있다. '슈퍼키드(Super-Kids, www.superkids.com)'는 교육 관련 소프트웨어의 제품 수기와 평가, 교육자들과 정책 입안자들의 의견을 제공하는 사이트 중 하나다. 이 사이트는 자신들이 평가한 제품에 대한 광고를 싣지 않기 때문에 공정한 논평과 평가를 할 수 있다. 논평 팀에는 스탠퍼드(Stanford)와 하버드(Harvard) 그리고 북서부 대학들의 전문가들이 속해 있다(단점 중의 하나는 미국인들만 논평을 작성했다는 점이다). '슈퍼키드'와 같은 사이트들은 소프트웨어 프로그램을 배우는 데도 도움이 되며, 더 많은 정보를 원한다면 다른 사이트와도 연결이 가능하다. 연구가 많이 된 유명한 그래픽 프로그램과 소프트웨어는 다음과 같다.

키드픽스

'키드픽스(Kid Fix)'는 아동을 위한 드로잉 프로그램으로 주로 가정용 컴퓨터에서 사용할 수 있는 번들(bundle, 하나의 파일로 보이지만 내부적으로 많은 서브디렉터리를 가지고 있는 것-역주)로 되어 있다. 응용프로그램에는 드로잉과 페인팅, 도장놀이, 슬라이드 쇼 제작 그리고 간단한 애니메이션 등이 포함된다. '키드픽스'는 숙련되기 쉬운 프로그램이기 때문에 대부분의 아동과 성인들이 별도의 감독이나 지침 없이도 쉽게 사용할 수 있다. 자신이 만든 작품이 만족스럽지 않다면, 쉽게 '지우거나' '날려' 버리고 새로운 작품을 만들 수도 있다. 나는 이 프로그램이 특히 심각한 병이나 수술 후 회복기에 있는, 병상의 아동들과 함께 사용하기에 쉽고 편리하다고 생각한다.

나는 이 프로그램을 성인들과 함께 사용해 보았다(나 자신도 포함

[그림 2-3] 저자가 키드픽스 소프트웨어를 사용하여 컴퓨터로 생성한 그림

하여, [그림 2-3] 참조). 그러나 이미지가 너무 간단하다 보니 청소년에게는 너무 유치하고, 성인이나 노인 환자에게는 실례가 될지도 모르겠다. 이 프로그램은 초등학교 수준의 아동들에게 인기가 많으며, 주로 그 나이 또래의 아동 혹은 발달단계가 비슷한 수준의 아동들에게 적합해 보인다. 가정이나 학교에서 컴퓨터를 사용하는 아동들은 이 프로그램을 친숙하게 느낄 것이다. 치료사라면 시간이 매우 중요한 환경, 즉 신체적인 보살핌이 필요한 순간이나 가족들의 병문안 또는 의사의 회진 등으로 작업이 중단되기 쉬운 병상에서 미술치료를 해야 할 때, 이 프로그램의 이점을 하나 더 알게 될 것이다.

크레욜라 드림메이커스®

1984년부터 'Binney-Smith' 사는 '드림메이커스(Dream-Makers)®'라 불리는 프로그램을 후원하고 있다. 이 프로그램은 미국의 초등학교 연령대의 아동들이 학교에서 이루어지는 예술 활동에 적극적으로 참여할 수 있도록 미술 교사와 관련자들을 돕는 데 목적이 있다. 많은 아동들의 작품이 CD로 된 '드림메이커스®' 소프트웨어에 저장되고 기록되어 있다. 이 소프트웨어를 활용하면, 이 아동들이 만든 특정한 이미지를 검색해 볼 수 있다. CD에는 컴퓨터 중재 미술 작업에 대한 정보보다는 시각적 사고와 창의성을 자극하는 데 활용될 수 있는, 다양한 주제와 연령 집단 그리고 여러 종류의 매체를 사용한 다양한 미술 작품이 들어 있다. Binney-Smith는 현재 이 CD가 미술교육에 어떻게 사용될 수 있을지 결정하기 위해서 이 분야의 전문가들로부터 데이터를 모으고 있다고 한다. 비록 이 내용은 대표자와 나눈 이야기이지만, 이 회사가 미술치료사가 어떠한 방법으로 자신들의 일에 이미지를 활용하고 싶어 하는지에 관심이 지대하다는 사실을 알 수 있었다.

나는 쉼터나 병원과 같은 다양한 환경에서 아동과 작업할 때 '드림메이커스®' 시리즈를 활용하였다. 이것은 '사이버 미술관'과 같은 느낌을 주며, 컴퓨터뿐만 아니라 물감이나 파스텔, 점토와 같은 전통적인 매체를 모두 사용해 아동의 창의성을 촉진하는 데 사용될 수 있다. 이와 같은 프로그램들은 유화물감이나 수채화 또는 화가들이 사용하는 초크와 같이, 아동들이 현실적으로 가질 수 없는 재료를 가상으로 경험하도록 해 준다. '드림메이커스®' CD 안에 담긴 이미지의 색상과 세부 묘사는 시각적으로 좋은 자극이 될 것이며, 사용해 보면 수집된 이미지들의 전체적인 수준에 놀라게 될 것이다.

플라잉 컬러스

미술치료사인 Barbara Parker-Bell(1999a)은 '플라잉 컬러스(Flying Colors)' 프로그램 덕분에 아동과 청소년 그리고 성인과 함께 성공적으로 작업할 수 있었다고 믿고 있다. 이 프로그램은 8세부터 성인까지 모두가 사용하기에 적당하다고 평가되며 3단계, 즉 유아, 기본 그리고 고급 단계로 나누어져 있다. 이 단계들은 사용자들이 사용하기에 적합한 명령어가 몇 개인지에 따라 나눠지며, 각자의 수준에 따라 이용이 가능하다.

[그림 2-4] 저자가 플라잉 컬러스 소프트웨어를 사용하여 컴퓨터로 생성한 그림

다른 여러 프로그램들과 마찬가지로 '플라잉 컬러스'는 기본적으로 스탬프-그리기 프로그램(stamp-and-draw program)이다. 나는 Parker-Bell(1999b)의 워크숍 중에 그녀의 안내에 따라 이 프로그램을 경험해 보았다. 비슷한 다른 프로그램들과 비교해 봤을 때, 이미지와 선택 가능한 배경의 그래픽 질은 풍성하고 시각적으로도 흥미로웠다([그림 2-4] 참조). 나는 최소한 수십 종의 배경 중에서 하나를 선택했다. 이처럼 다양한 이미지들을 몇 가지로 분류된 이

미지 색인 코너에서 찾아볼 수 있으며, 이미지의 크기나 방향, 명암과 배치 등도 사용자가 마음대로 바꿀 수 있도록 되어 있다. 나는 드로잉 도구와 페인팅 붓 역할을 하는 도구 그리고 선과 기하학적인 도형 만들기 도구를 이용해 이미 만들어진 이미지들을 쉽고 빠르게 변형시킬 수 있었다. 스탬프-그리기 프로그램의 옵션이 몇 가지 있어서 화면상에서 여기저기 옮겨 다니는 것이 가능하며, 그 안에 다양한 글꼴과 크기의 글씨를 써넣어 일시적으로 도장처럼 사용할 수도 있다. '키드픽스'에서처럼 '플라잉 컬러스' 사용자들은 실행을 취소하거나 그림 전체를 한번에 지워 버릴 수도 있다. 무제한 실행 취소는 사용자가 하나 이상의 단계를 생략하고 싶거나 이미지를 바꾸는 과정으로, 이 프로그램의 최신판에서 사용이 가능하다.

Parker-Bell(1999b)은 이 프로그램에 다음과 같은 단점이 한 가지 있다는 것을 발견했다.

> 사용 가능한 문양에 인종적 또는 연령별 다양성이 없다. 인물 문양은 금발과 파란 눈의 백인 그리고 몇 가지 자세로 한정되어 있다. 'Magic Mouse Productions'의 대표는 최신 고급판에는 더 많은 아동용 문양과 다양한 유색인종이 포함되어 있다고 밝혔다. 만약 원한다면 사용자가 인물 문양의 색이나 특성을 드로잉 도구를 이용해 바꿀 수 있다. 그러나 이 작업은 노동 집약적이고, 몇몇 사용자들에게는 받아들이기 어려운 일일 수 있다. 이것을 환자들과 함께 사용할 때는 스타일과 도구 수준, 기능 및 프로그램의 내용을 확실히 고려해야 할 것이다(Parker-Bell, 1999b, 비공식적 견해).

불행하게도 대부분의 사용 가능한 소프트웨어 프로그램은 비슷한 문제들을 지니고 있는데, 문화적인 민감성과 다양성의 문제는 여전히 소프트웨어 제조사의 과제로 남아 있다.

스케치판 스튜디오

스케치판 스튜디오(Sketchboard Studio)는 드로잉과 페인팅 이미지를 만들기 위하여 특별한 감압성 펜(pressure-sensitive pen)을 활용하는 다양한 드로잉 프로그램 중의 하나다. 이 펜은 종종 조작하기 힘든 마우스를 대체하기 때문에, 컴퓨터를 이용해 그림을 그릴 때 생기는 두려움을 해소시켜 준다. 이 프로그램에는 디즈니 스튜디오(Disney Studio)가 만든 소프트웨어는 물론 미키마우스와 같은 인물 캐릭터 그리고 디즈니에서 근무하는 예술가들의 드로잉 관련 강의가 포함되어 있다. 그러나 이러한 컴퓨터용 드로잉 태블릿은 다른 소프트웨어와 함께 사용할 수 있기 때문에, 누구나 디즈니 캐릭터 대신에 스스로 이미지를 무한정 만들어 낼 수 있다. 이것은 전문 드로잉 태블릿과 매우 유사한 기능이다.

이 프로그램은 아동을 위해 제작되었기 때문에, 컴퓨터상에서 그림을 그리는 데 익숙하지 않은 성인들에게도 적절한 프로그램으로, 특별한 상황에서 그림을 그리는 경험으로 소개하기에 좋다. 다른 미술 소프트웨어 프로그램과 함께 사용하면, 초급 컴퓨터 그래픽을 가르칠 때도 도움이 될 것이다.

프린트마스터 출판 및 프린트숍

이 프로그램은 일부 컴퓨터나 다른 소프트웨어에 포함되어 있는 단순한 프로그램이다. 미술치료사가 이 소프트웨어를 활용하면 서류 양식의 윗부분 문구 인쇄나 팩스 양식, 명함 그리고 소책자 제작 등의 업무를 쉽게 해낼 수 있다. 또한 로고나 디자인 등의 다른 그래픽 자료를 불러올 수 있으며, 소프트웨어를 활용해 자신만의 디자인을 만들 수도 있다. 두 프로그램 모두 클립아트(그림 꾸러미)를 제공하며, '프린트숍(PrintShop)'에는 미리 만들어진 서식이 있어서 연하장과 배너광고를 만들 수 있는 기능이 들어 있다. 미술치료사인 Carol McLeod(1999)는 청소년과 함께 이 작업을 해 본 뒤, '프린트숍' 프로그램에 관하여 다음과 같이 기록하였다.

> 나는 '프린트숍'이 청소년들이 그리기 꺼려 하는 소망과 꿈 그리고 두려움에 대하여 표현하기에 효과적인 입문 도구가 될 것이라고 생각했다. 나는 환자에게 포스터 생성 도구를 활용하여, 다른 사람들이 알아주기를 원하는 것들에 관하여 디자인하자고 제안하곤 한다. 포스터처럼 만들어진 작품들은 '출입 금지' 팻말이나 바닥에 깔아 놓는 '환영' 매트처럼 게시될 수 있다. 클립아트 파일에서 몇 번 더 키를 누르는 일만으로도 훨씬 더 화려한 느낌표가 만들어지고, 저장되거나 인쇄될 수 있다(McLeod, 1999, p. 202).

애니메이션 프로그램

세상에는 애니메이션과 비디오 편집 관련 프로그램이 너무나 많아서 이번 장에서 모든 프로그램들을 일일이 설명하는 일은 불가능하다. 아동을 위해서 고안된 애니메이션 프로그램뿐만 아니라 전문가들이 사용하는 더 복잡한 소프트웨어들이 많이 있다. 만약 웹에서 검색을 하거나 컴퓨터 소프트웨어 관련 광고지를 열심히 보면, 선택의 폭이 넓어질 것이라는 언급만으로도 충분할 것이다. 앞서 설명한 '키드픽스'에도 애니메이션 구성 요소가 들어 있어서 아동들이 자신만의 그림을 그리고, 거기에 애니메이션적인 요소를 첨가해서 즐길 수 있다.

McLeod(1999)는 청소년들과 함께했던 자신의 경험을 바탕으로 미술치료사들이 '3차원 무비메이커(3-D Movie Maker)'와 같은 애니메이션 작업에 관심을 가질 것을 제안하였다. 일반적으로 전문적인 애니메이션 프로그램은 대부분의 치료적 환경에서 사용하기에는 너무 복잡하지만, 스스로 애니메이션 영화 제작을 시도해 보고 싶은 사람들은 관심을 가질 만하다.

사진보정 프로그램

컴퓨터에 스캔한 사진의 화질을 높이거나 변형시킬 수 있는 프로그램이 많이 나와 있다. 그래픽 아트 소프트웨어에 익숙하지 않은 사람에게도 '포토샵(Photoshop)'은 가장 유명한 사진보정 프로그램일 것이다. 이 프로그램에는 붓, 색상, 새로운 이미지 생성 등과 관련된 종합적인 페인팅 도구들이 내장되어 있을 뿐만 아니라 사진을 조작하고 변형할 수 있는 기능이 들어 있다([그림 2-5] 참조). 포토샵의 최신 기능은 페인팅 소프트웨어보다 더 광범위하게 사용되고 있다. 이러한 추세는 '포토샵'이라는 이름에서 풍기는 뉘앙

[그림 2-5] 저자와 친구 Dr Champ Riley가 포토샵을 사용하여 생성한 컴퓨터 이미지

스 때문에 페인팅도 가능하다는 인식이 조금은 감소된 것 같다.

캐나다의 미술치료사인 Judy Weiser(1999)는 내담자들이 원한다면 다른 미술 매체와 함께 사진을 장식하거나 변형시킬 수 있는 사진치료 작업에 사진보정 프로그램이 매우 유용하다고 주장한다. 포토샵과 같은 프로그램을 활용하면 스캔받은 사진을 장식하거나 화질을 높이고, 시각적인 효과를 주거나 이미지 내용과 배경을 변화시키는 작업을 쉽게 할 수 있다. 게다가 어도비 버전과 같은 대부분의 사진보정 프로그램에는 '필터' 기능이 들어 있어서 점묘법이나 번짐 또는 그림자 같은 효과(우리 고양이 'Mr. Warhol'을 시각적으로 변형한 [그림 2-6] [그림 2-7] [그림 2-8] 참조)를 줄 수 있다. 필터를 사용하면 이미지를 자신의 취향에 따라 변화시키거나 스타일을 변형시켜 볼 수 있고, 단순히 조형적인 요소들의 범주를 다양하

[그림 2-6] 저자가 만든 Mr. Warhol 이미지 #1

[그림 2-7] 저자가 만든 Mr. Warhol 이미지 #2

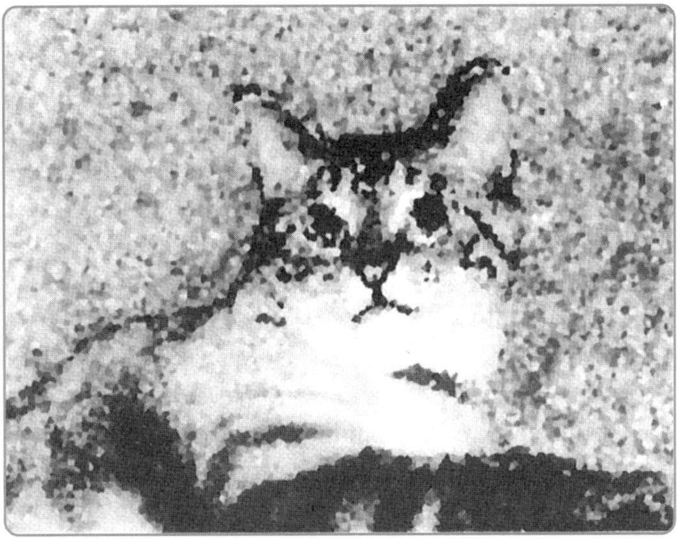

[그림 2-8] 저자가 만든 Mr. Warhol 이미지 #3

게 실험해 볼 수도 있다. '스케치판 스튜디오'에서 언급한 바와 같이, 드로잉 패드를 활용하면 보정된 사진 이미지를 흐릿하게 하거나 두드러져 보이도록 변화를 줄 수 있다.

McNiff가 '제5장'에서 관찰한 바대로, 사용자들은 포토샵과 같은 프로그램이 제공하는 색상이나 스타일의 변화 혹은 왜곡과 같은 다양한 옵션들을 활용해 원본 이미지를 잃지 않으면서 이미지의 빛이나 표면적인 화질을 즉각적으로 드라마틱하게 바꿀 수 있다. 이 장에서 언급한 다른 그래픽 소프트웨어와 마찬가지로, 이러한 프로그램의 환상적인 장점은 기록 능력에 있다. 이미지의 각 단계가 즉각적으로 복사되며, 창작 과정 동안 이루어지는 특징적인 변화도 기록될 수 있다. 이미지 창작 과정에서 다양한 단계를 재검토하는 일이 가능해진 것이다. 이를테면, 포토샵의 최신 편집 기능에는 '히스토리(history)'라는 도구가 있어서 자동적으로 표현 순서가 보관되므로, 작업한 사람이 나중에 참고 자료로 사용할 수 있다. 이러한 기능을 활용하면 치료적인 교류뿐만 아니라 사람들이 어떻게 이미지를 창작하고 구조화하는지를 연구하는 데도 폭넓게 응용할 수 있다.

프레젠테이션 프로그램

마지막으로, 발표하는 데 사용되는 소프트웨어인 프레젠테이션 프로그램이 있다. 그중 가장 익숙한 프로그램으로는 대부분의 가정 및 사무용 컴퓨터에 내장되어 있는 '파워포인트(Power Point)'가 있다. 파워포인트는 주로 강의와 발표에 사용되며, 교육 분야에서 점점 더 인기를 얻고 있다. 사실상 나는 종종 파워포인트에 개요와 슬라이드를 삽입해 달라는 요청을 받는다. 파워포인트에 이러한 항목을 삽입하게 되면 생기는 이점은, 무엇보다도 이동이 쉽다는 점이다. 이제 더 이상 슬라이드 낱장이나 OHP 용지를 사용하지 않고, 데이터를 디스켓이나 집 디스크 또는 CD에 담으면 된다.

그러나 파워포인트의 세련된 부가 기능에도 불구하고, 많은 동료들이 이 프로그램을 완벽히 숙달하기 위하여 노력할 만한 가치가 있는지 의문을 제기한다. 웨인 주립대학교(Wayne State University)의 교수이자 미술치료사인 Holly Feen은 "우리가 파워포인트로 프레젠테이션을 하는 것을 배울 수는 있지만, 그러다 보면 개요와 슬라이드를 삽입하느라 바빠서 좀 더 필요한 독서나 연구 혹은 다른 프로젝트를 할 시간이 부족할 수도 있다.”(비공식적 견해)라고 주장했다. 파워포인트를 만들려면 기본적으로 시간을 들여야 하는 특성이 있기 때문에 다음 미술치료 강연이 예정되어 있다면, 파워포인트를 사용하는 것이 좋을지, 아니면 슬라이드와 OHP 용지를 사용하는 것이 좋을지 비교 검토해야 할 것이다.

컴퓨터 테크놀로지를 활용하도록 돕는 리소스

기술 지원과 개인지도 그리고 온라인 도움말

나는 기술 지원과 개인지도 그리고 온라인 도움말 등 이용 가능한 리소스를 학습 기회로 활용하라고 강력히 권장하는 편이다. 기술 지원은 일반적으로 전화나 팩스 혹은 이메일을 통해 받을 수 있다. 이는 컴퓨터와 주변기기의 보증 기간 동안 무료로 받을 수 있으며, 구입한 소프트웨어도 마찬가지다. 무료 전화도 이용할 수 있지만, 가끔 기술자와 장거리 전화를 해야 한다면 요금을 지불할 수도 있다. 어떤 컴퓨터 판매상들은 컴퓨터나 장비를 구입할 때 패키지의 일부로 기술 지원을 제공하기도 한다. 나의 경우, 다행히 기술자와 통화했던 경험이 모두 좋은 기억으로 남아 있다. 기술자들은 대부분 특정 문제를 파악하는 훈련을 받았을 뿐만 아니라, 문제를 해결하기 위해서는 소비자들에게 간단한 지시와 단계적인 지원이 필요하다는 사실도 자각하고 있다. 따라서 그들은 우리가 컴퓨터 앞에 앉아 있는 동안 우리에게 말을 걸면서, 어떻게 처치를 해서 문제를 해결해 나갈지 안내해 줄 것이다.

개인지도는 말 그대로 소프트웨어를 구입하면 들어 있는 것으로서, 사용 방법을 가르쳐 주는 단기 코스다. 개인지도를 통해서 당신은 어떻게 다양한 작업을 할 수 있는지, 그리고 문제가 생기면 언제 도움말을 찾아봐야 하는지를 알 수 있다. 소프트웨어 회사의 웹사이트상에서 제품을 구입한 소비자들을 대상으로 제공하는 개인지도도 있다.

마지막으로, 인터넷을 통해서 제품 판매 회사의 도움을 활용하는 방법에는 기술자가 실시간으로 문자 대화를 해 주는 '실시간 지원'과 문제점을 기술해서 하드웨어나 소프트 웹사이트의 주소로 이메일을 보낸 뒤 답장을 받는, 두 가지 방법이 있다. 그러나 후자의 방법은 기술자와 직접 통화하는 것보다 좀 더 귀찮은 일이기도 하며, 인터넷 접속이 끊어질 경우 필요로 하는 답을 얻을 수 없기 때문에 실용적인 방법은 아니다.

제3장

컴퓨터를 통한 커뮤니케이션

_미술치료사를 위한 국제적인 인터넷 네트워크

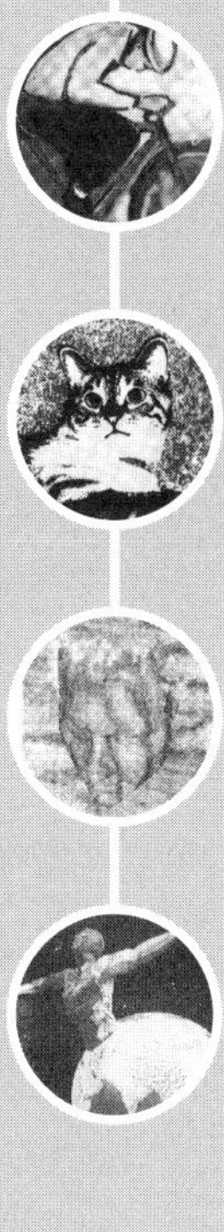

이제는 컴퓨터 테크놀로지의 몇몇 하드웨어와 소프트웨어는 친숙해졌을 것이다. 앞으로 친숙해져야 할 다음 영역은 컴퓨터를 통한 소통 방식이나 e-커뮤니케이션 또는 단순히 이메일로 알려진 것들이다. 이 장에서는 미술치료사들이 컴퓨터를 통한 소통을 위하여 어떻게 인터넷을 사용할 수 있을지 설명할 것이다. e-그룹의 위치와 참여 방법, 온라인 게시판을 비롯하여 전자 뉴스레터와 학술지에 글을 게재하는 법, 교육과 임상감독, 전문가로서의 성장을 위해 e-커뮤니케이션을 활용하는 법 등이 중심이 된다. 미술치료사들은 인터넷을 통해서 네트워킹할 기회를 가지며, 정보 교류 또는 관심 있는 주제에 관하여 연구하고, 자신의 서비스 영역을 광고하며, 토론 그룹에도 참여할 수 있다. 또한 정신보건, 의학, 예술 등에 관한 최신 교육 관련 e-뉴스레터를 받을 수 있어서, 컴퓨터를 통한 소통 방식의 장점인 속도와 효율성을 누릴 수 있을 것이다. 이메일과 e-그룹 그리고 온라인 게시판을 갖게 된 세계 곳곳의 미술치료사들은 자신들의 일과 연구 그리고 성취에 관하여 공유하게 됨으로써, 외로움을 덜고 한층 더 연결됐다고 느낄 수 있게 되었다. 인터넷을 통하면 지역적 · 국제적 교류를 비롯하여 즉각적이고 반복적으로 교류하는 새로운 감각의 공동체를 구축할 수 있기에 나는 인터넷을 통해 미술치료 분야에 필요한 심리학적인 성장이 가능할 것이라고 믿는다.

넷과 웹은 어디서 왔을까

인터넷(Net)과 웹(Web)은 최근의 현상으로 보이지만, 사실상 이러한 현상이 나타난 것은 수십 년쯤 된 일이다. 적당한 비용으로 구입할 수 있는 가정용 컴퓨터가 등장하면서 인터넷 사용이 유행하고 대중적인 인정을 받게 되었다. 넷과 웹이 포함되는 막대한 컴퓨터 네트워크의 세계에서 '사이버공간'이란 말은 이제 누구에게나 익숙한 일반적인 용어가 되었다. 인터넷은 모든 네트워크의 어머니로서, 원래는 1960년대 미국 국방부에 의해서 커뮤니케이션을 목적으로 개발되었다. 그러나 이제는 비즈니스, 정부기관 그리고 일반 대중들도 인터넷을 접속할 수 있게 되었으며, 1990년대 들어서는 인터넷을 사용하는 인구가 폭발적으로 늘어났다.

대부분의 사람들이 웹과 인터넷이 차이가 있다고 생각하는 것처럼, 이 둘은 같지 않다. 넷은 웹의 핵심이다. 웹 그 자체는 일반적으로 웹 페이지라고 알려진 페이지들의 모음을 가리킨다. 웹은 날마다 기하급수적으로 늘어나고 있다. 심지어 깨어 있는 모든 시간을 다 바친다고 해도 결코 오늘날 웹이 담고 있는 모든 것을 찾아가는 일은 불가능하다. 다음 '제4장'에서는 웹에 관하여 조사해 보고, 어떻게 미술치료에 영향을 미쳐 왔는지 살펴볼 것이다.

인터넷 서비스 업체 선택하기

넷에 접속하고 웹서핑을 하기 위해서는 인터넷 서비스 업체(Internet Service Provider: ISP)가 필요하다. 매일매일 더 많은 ISP들이 출현하고 있기 때문에 선택의 폭은 더욱더 다양해지고 있다. 우리가 요즘 계약할 수 있는 ISP에는 전 세계에 서비스를 제공하고 있는 'AOL(America Online)'을 비롯하여 'Compuserve' 'Earthlink' 'Microsoft Network' 'Mindspring' 'Sprint' 등이 있다. 또한 '야후(Yahoo)'와 '핫메일(Hotmail)' 등 무료 서비스 제공자로 알려진 업체들도 있는데, 이러한 ISP들은 특히 학생들에게 인기가 많다. 만일 컴퓨터를 사용할 수 있고 온라인 연결이 가능하다면, 이러한 제공 업체를 통해서 자신의 무료 메일 계정을 만들 수 있다. 큰 기관에서 일하는 교육자나 치료 전문가들은 자신의 업무기관에서 무료 인터넷 서비스를 받을 수 있다.

ISP를 선택할 때 염두에 두어야 할 점이 몇 가지 있는데, 첫 번째는 물론 가격이다. 그러나 경쟁으로 인해서 대부분의 ISP들은 비슷한 가격대를 유지하고 있다. 두 번째로 중요한 것은 이메일 시스템이나 웹에 접속할 때 얼마나 편리한가 하는 점이다. 이것은 개인적인 취향의 문제로, 자신이 어떤 특징과 형태를 원하는지 생각해 보기 위해서는 적어도 두세 가지 ISP를 경험해 봐야 할 것이다. 세 번째로 염두에 두어야 할 것은 서비스 업체에 얼마나 쉽게 접속할 수 있느냐 하는 것이다. 우리들 대부분은(직접적인 케이블로 연결되는 것과는 반대로) 가까운 미래에도 여전히 전화선을 이용해 인터넷에 접속할 것이기 때문에, 연결을 방해하는 바쁘다는 신호가 나오지 않고 빠른 속도로 연결되는 것이 바람직하다. 그러나 간혹 어떤 인터넷 서비스는 한동안 다운되어서 이메일을 확인하거나 웹사이트에 접속해야 할 때 너무나 당황스러워진다. 다시 한번 강조하지만, 결정하기 전에 다양한 ISP를 시험해 보는 것이 좋다. 친구에게 물어보거나 같은 분야의 동료들에게 추천을 받는 것도 도움이 될 것이다.

이메일

인터넷에서 다른 개인이나 그룹들과 소통할 수 있는 다양한 형태가 있기는 하지만 가장 대중적인 방법은 아마도 이메일일 것이다. 이것은 다른 사람의 전화 응답기에 메시지를 남기는 것과 유사한 직접적인 소통의 형태로서, 다른 점이 있다면 이메일 메시지는 문자 형태로 수취인의 인터넷 주소로 보내진다는 것이다.

1996년에 내가 '사이버공간의 미술치료사'라는 글을 썼을 당시는 소수의 미술치료사들만이 온라인을 사용했으며, 동료들 중에 이메일 주소가 있는 사람은 매우 드물었다. 당시에 내 글을 보면 누군가에게는 너무 대담해 보일 수도 있겠지만, 그 내용은 다음과 같다.

"컴퓨터가 없거나 컴퓨터를 통해 인터넷에 접속하지 않는 사람들은 시대에 뒤떨어질 수 있다. 내가 말하고 있는 것에 대하여 일시적인 유행에 불과할 것이라고 느꼈던 사람들도 결국은 시장에 대한 생각을 바꿀 수밖에 없게 될 것이다."

이때는 컴퓨터와 인터넷이 단단히 뿌리내리기 시작한 것은 명확했지만, 아무도 그것들이 우리 일상의 중요한 부분이 될 것이라고 단호하게 예상하지는 못했다.

1990년대 초반, 미국을 비롯한 세계에서 인터넷 주소를 가지고 있는 미술치료사들은 극히 소수에 불과했다. 그러나 오늘날 표지판과 명함 그리고 이력서에서 이메일 주소를 확인하는 일은 대수롭지 않다. 병원이나 대학에서 근무하는 사람이라면 거의 이메일 주소가 있을 것이라고 확신한다. 또한 재택 사무실이나 개인 치료실을 운영하고 있다면 이메일을 가질 필요가 있으며, 심지어 자신의 업무와 관련된 웹사이트가 필요하게 되었다.

이메일의 재미있는 특징 중의 하나는 온라인상에서 가명을 사용할 수 있다는 점이다. 지금은 대부분의 경우에 온라인 이름을 사용하지만, 초기 온라인 소통 방식에서는 소수만이 선택적으로 이름을 만들었다. 나도 온라인 이름이 많았다. 어떤 사람들의 경우에는 사이버공간의 이름만 생각나고, 진짜 이름이 생각이 안 나거나 모르는 경우도 있다. 반면에 인터넷에서 사용하는 이름이 너무나 진지해서 진짜 이름이나 비즈니스가 쉽게 연상될 때도 있다.

온라인 소통 방식의 가장 분명한 장점 중의 하나는 다른 미술치료사들과 교류할 수 있으며, 특정한 문제나 주제를 가지고 비교적 지속적인 토론이 가능하다는 점이다. 인터넷은 미술치료사에게 닥친 정치적이고 전문가적인 문제에 대하여 논의할 수 있는, 경제적이며 즉각적인 활용이 가능한 수단이다. 예를 들어, 이 책을 쓰는 동안 이메일을 사용해 온 미국미술치료협회 회원들이 협회 본부를 워싱턴 디씨(Washington, D.C.)로 옮기는 문제에 대한 의견을 나누고, 협회의 이사회가 발의한 새로운 행동 강령의 내용에 관하여 논의하였다. 컴퓨터에 기반한 커뮤니케이션을 통해서 이 협회 회원들은 즉각적으로 관련 문제들을 논의하는 방식을 구상하고, 정보와 의견을 나누었으며, 협회 이사회에 자신들의 의견을 피력하였다. 이 협회 회원들이 이 모임을 공식적인 'e-그룹'으로 발전시켰는데, 이들은 참가자로서 지속되고 있는 토론에 대한 정보를 이메일로 계속 받을 수 있기를 공식적으로 요구했다. 이것은 지리적인 거리에도 불구하고, 미술치료사들이 커뮤니티를 형성하고 담론과 교류를 촉진하며, 민주적인 토론을 하는 데 인터넷이 어떻게 도움이 되는지를 보여 주는 많은 사례들 중의 하나다.

속도와 편리함이라는 관점에서 볼 때, 사이버공간을 통한 소통은 전화나 '보통우편'이라 불리는 편지 쓰기에 비해서 장점이 많은 편이다. 나는 이제 미국 전역에서 매일 이메일을 받고, 유럽과 아시아 그리고 남미에 있는 동료들이 쓴 글을 규칙적으로 찾아보며, 몇 초 안에 지구의 반대편에 있는 누군가에게 메일을 보내는 것을 당연하게 여기게 되었다. 인터넷을 통하면 스코틀랜드에 있는 미술치료사와도 쉽게 문서를 가지고 함께 작업할 수 있고, 아시아의 미술치료사들이 하는 일에 대한 정보를 얻을 수도 있으며, 브라질에 있는 출판사 관계자와도 이야기를 나눌 수 있다. 이 모든 것이 나의 가정용 컴퓨터를 통해서 이루어지는 일이다. 나는 자주 전화하기 어려운 외국에 거주하고 있는 친구나 동료들과 이메일을 통해 연락하고 있다. 예컨대, 나는 일본의 미술치료 교수이자 선구자이며 동료인 Masahiro Tanaka와 정기적으로 이메일을 교환한다. Tanaka 박사는 함께 강의했던 한국에서의 만남 이후, 그 후속 작업으로 아동에 대한 자신의 연구 내용을 관련 그림을 첨부해 나에게 이메일을 보내 주었다. 다행스럽게도 우리는 이메일을 통해 연결을 유지하고 연구를 공유할 기회를 가지게 됐으며, 서로의 전문적인 작업에 관해 더 많이 배울 수 있었다. 이렇게 즉각적으로 정보가 이동할 수 있다니 놀랍다. 이러한 '즉시성' 덕분에 몇 년 전까지는 쉽게 꿈도 꾸지 못했던 국제적인 미술치료 연구의 가능성이 열리게 된 것이다. Tanaka 박사와 나는 옛날 방식으로 편지(보통우편)를 쓰고 각자의 나라에서 소포를 주고받을 수도 있었다. 그러나 내 생각에는 이메일을 통해서 소통하는 것이 훨씬 더 간편하며, 적절한 시간에 상대방에게서 답장을 받을 수 있어서 더 직접적이고 만족스러웠다.

또한 멀리 떨어져 있는 학생들과도 연락을 유지할 수 있기 때문에, 나에게 이메일은 너무나 중요하다. 다음은 우리가 주고받은 실제 메일 내용이다.

arttxstudent@yahoo.com(질문): 캐시, 오늘 오후 5시쯤 제 논문 프로젝트에 관해서 이야기를 나눌 수 있을까요? 아니면 내일 5시 반이나 6시도 좋아요. 저는 요즘 하루 종일 인턴십 과정 때문에 일찍 만나지는 못하고 늦은 시간에나 만나서 이야기를 나눌 수 있거든요. 오늘 4시 반경 집에 돌아와서 이메일을 확인할게요. 만일 답장을 하실 수 있으면 언제 전화하면 좋을지 가장 좋은 시간을 말씀해 주세요. 고맙습니다, G.

몇 시간 후에

rdwing@aol.com(답장): 이런, 지금이 4시 55분이네요. 지금 막 집에 도착해서 이메일을 확인했어요. 이메일 보면 오늘 전화해요. 내일도 괜찮아요. 알려 줘요. 우선 논문의 서론과 개요의 초안을 좀 첨부해서 이메일로 보내 주겠어요? 우리가 만나기 전에 내가 읽을 수 있으면 자료를 준비할 여유가 있어서 더 좋을 것 같네요. 잘 지내요, 캐시.

몇 분 후에

arttxstudent@yahoo.com(리플): 연결이 잘 안 되네요. 몇 가지 참고문헌을 좀 보내 드리고 싶었는데요, 내일(목요일) 5시 반 어떠세요? 오늘 늦게나 내일 아침 일찍 이메일을 확인해 볼게요. 만일 답장이 없으시면 제가 전화 드릴게요. 혹 바쁘시면 스케줄을 다시 잡아도 괜찮습니다.

※추신: 서론의 초고를 이메일로 첨부합니다(양해해 주세요. 아직 매끄럽지는 못합니다). 고맙습니다, G.

그리고 마침내

rdwing@aol.com(결론): 좋은 생각입니다. 내일 전화 기다리지요.

앞에 기술한 이메일 소통 사례는 '실시간'으로 벌어진 것은 아니고(동시성 소통 방식은 '제6장'과 '부록 2' 참조), 말하자면 '비동시적'으로 이루어진 것이다. 많은 미술치료사들이 교육에 참여하는 것과 같이, 나는 학생들의 논문과 연구 프로젝트를 지도한다. 그러나 서로 지리적으로 먼 지역에 떨어져 살고 있기 때문에, 전화와 팩스 그리고 이메일을 통해서 보다 쉽고 효율적으로 소통하고 있다. 어떤 컴퓨터로도 이메일을 확인할 수 있기 때문에 장기 출장을 가도 학생들을 계속 지도할 수 있다. 이메일 덕분에 학생들과 쉽게 지속적인 관계를 유지할 수 있으며, 글로 오가야 마땅한 것을 전화로 오랫동안 이야기해야 할 때 드는 비용도 절약할 수 있다. 그리고 나는 원격교육에서 개별 연구와 주제를 지도할 때도 이메일을 자주 활용한다. 전자적인 소통 방식을 취하면 일이 이루어지는 과정과 마감 시한이 기록될 수 있어서 좋다.

비록 인터넷이 대중적인 소통 방식이 되겠지만 미술치료사들 사이에서는 여전히 빈번하게 사용되지는 않는다. 아직은 미술치료사들이 온라인을 많이 사용하고 있지는 않지만, 수년 내로 컴퓨터를 통한 소통 방식이 비즈니스와 개인적인 교류의 표준이 될 것이 확실하다. 미술치료사들이 출판과 교육, 연구와 전문가적인 성장에 있어서 넷의 영향력을 자신들의 삶에 수용하고 융합해 내는 면에서는 아직 시작 단계에 불과하지만, 앞으로 넷은 그러한 영역에서 무한한 잠재력을 드러내 보일 것이 분명하다.

단체메일 서비스, 웹 포럼 그리고 e-그룹

컴퓨터를 통한 국제적인 소통 네트워크

'제1장'에서 언급한 바와 같이, 미술치료사인 Barbara Levy와 나는 1990년대 중반 미술치료사들을 위한 온라인 공동체를 구축한 경험이 있다. 그때 이후로 많은 동료들이 전 세계의 다른 미술치료사들과 학생들 그리고 관련 전문가들과 컴퓨터를 통한 교류의 통로를 구축해 왔다. 현재는 미술치료사와 창의성 전문 미술치료사 그리고 이제 막 미술치료 분야에 문을 두드린 사람들이 활용할 만한 다양한 단체메일 서비스(웹 포럼, e-그룹, 기타 다른 이름으로 불리는)가 존재한다. 이는 단체메일을 통해서 그룹의 전 구성원들에게 편지를 보내는 소통 방식이다. 달리 말해서, 나는 구성원들 모두의 답장이나 참여 글을 받게 되며, 나의 답장 역시 단체메일 서비스를 받는 구성원들에게 보내진다.

단체메일 서비스에 참여하기를 원한다면 먼저 서비스에 가입해야만 한다. 방법은 웹사이트를 방문해서 신청서를 작성하면 된다. 대부분의 단체메일 서비스가 무료이기는 하지만, 이용자는 e-그룹의 규칙을 지켜야 하며, 기본적인 '네티켓'을 따라야 할 것이다. 만일 가입 결정 후에 특정 단체메일 서비스를 받고 싶지 않다면, 그룹에서 이름을 제외시키기 위해서 공식적으로 '탈퇴서'를 작성해야 한다.

만일 활성화된 단체메일 서비스에 가입했다면, 토론에 관한 그룹 회원들의 메일을 매일마다 받을 각오를 해야 할 것이다. 받은 이메일에 대한 답장을 일일이 해야 할 의무는 없지만, 만일 대량의 이메일을 받는 것을 좋아하지 않는다면 이 단체메일 서비스가 본인에게는 맞지 않는 것이다. 다행히 대부분의 단체메일 서비스는 가입자들에게 '일일 다이제스트(daily digest)'라고 불리는 이메일 방식을 선택할 수 있는 기회를 준다. 다시 말하면, 그날 보내진 이메일 내용 전체의 아카이브(archive, 인터넷상의 호스트 컴퓨터로 데이터나 소프트웨어를 보존하는 곳)와 그 요약본을 매일 받게 되는 것이다. 이는 바쁘거나 출장 또는 여행 중인 사람들이 시간을 절약할 수 있는 유용한 선택 사항이라고 볼 수 있다.

최근에는 경험 있는 리더들이 나와서 교류를 안내하고, 토론 주제를 주도하며, 심지어 그룹 구성원 사이에서 발생하는 사소한 다툼을 해결하는 등 e-그룹의 성장을 촉진하고 있다. 아직은 덜 조직화된 그룹들도 있어서 여기에 가입하면 일반적이거나 기본적인 질문(어떻게 해서 미술치료 일을 하게 되었는가? 어떤 학교가 미술치료 대학원으로서 최고인가?)을 반복적으로 하는 메일을 받게 될 수도 있다. 미리 주의를 준 것처럼, 단체메일 서비스를 이용하려면 어느 정도 인내심이 필요하다. 이메일 보관함에 엄청난 양의 메일이 쌓일 것이 불 보듯 뻔하기 때문이다.

특정 온라인 그룹과 미술치료사를 위한 포럼 및 관련 전문가

다음은 미술치료사를 위한 대중적인 e-그룹 3개와 관련 전문가들을 위한 자료다.

미술치료 전문가와 학생을 위한 웹 포럼
(Web Forum for Professional Arts Therapists and Students, art_therapy_owner@egroup.com)

미술치료사와 관련 전문가 그리고 학생 그룹이 원하는 좀 더 집중적이고 전문적인 요구에 따라, Francine Lévesque가 만든 '치료에 있어서 미술'에 관련된 웹 기반 포럼으로, 미술치료 전문가와 대학원 수준의 전공 학생들로 참여를 제한한다. 이 포럼을 통해서 우리는 네트워크를 형성하고, 치료 관련 문제 및 전문가들이 관심 있는 관련 매체에 관하여 토론할 수 있다. Lévesque는 "이 포럼은 세계에 흩어져서 실제 일하고 있는 미술치료사들의 열정적인 요구 덕분에 이 세상에 나올 수 있었다. 그들은 미술치료와 관련된 '작업'에 관하여 토론하고, 자신들의 통찰과 도전에 관하여 나누며, 특정 주제에 대한 사유와 배움을 통해서 더 나은 전문가로 성장하고 싶어 하는 사람들이다."라고 말했다.

이 포럼의 구성원이 되기 위해 신청한다면, 토론 구성원들의 메일을 매일 받을 각오를 해야 한다. 받은 이메일에 일일이 답장을 해야 할 의무는 없지만, 대량의 이메일을 받는 것을 좋아하지 않는다면, 이 포럼이 주는 수많은 정보와 논의를 즐길 시간을 갖지 못하게 되는 셈이다. 이에 반해 노련한 전문가로서 e-소통을 좋아한다면, 이 포럼이 주는 독특함과 깊이를 즐길 수 있을 것이다. Lévesque는 활기차고 견문이 넓으며 명쾌한 사람으로, 자신의 장점을 컴퓨터를 통한 소통에 헌신하고, 이 포럼을 매력 있고 적절하게 지켜 주는 e-그룹 촉진자다.

캐나다 미술치료
(Art Therapy in Canada, http://arttherapist.ca)

캐나다 미술치료는 매우 상세한 웹사이트로, Petrea Hansen-Adamidis가 수년 전에 미술치료에 대한 좀 더 자세한 정보를 원하는 요구에 부응하여 만들어졌다. 이 사이트에는 웹 포럼과 직접적으로 이메일 계정에 배달되는 미술치료 단체메일 그룹 등이 있다. 만약 여기에 참여하고 싶다면 위에 나와 있는 주소로 가서 절차를 따르면 된다. 일단 이 그룹의 구성원이 되어서 art_therapy@listbot.com에 자신의 메시지를 이메일로 보내면, 그것이 그룹 전체 사람들에게 보내질 것이다. 전문적인 포럼과는 대조적으로 이 단체메일 서비스는 좀 더 일반적인데, 왜냐하면 미술치료에 호기심을 갖는 사람들과 이 분야의 초심자 그리고 일과 교육, 실전에 대한 기본적인 질문을 하는 사람들이 자주 이메일을 보내기 때문이다. 그러므로 이메일 내용이 기초적인 수준임에도 불구하고, 많은 전문 미술치료사들이 네트워킹을 목적으로, 세계의 많은 이들과 소통하기 위해서 이 포럼에 가입한다.

미술치료 e-그룹
(art-tx@eGroups.com)

2000년 초, 미국 미술치료사인 Bruce Moon이 미국과 전 세계의 미술치료 교육자들과 함께 비공식적인 e-토론 그룹을 시작했다. 포럼은 빠르게 성장했으며, 소통 방식을 단순화하기 위해서 단체메일 서비스 형태를 만들자는 요구가 더욱 분명해졌다. 그 시점에서 다른 미국 미술치료사인 Carol Lark가 e-그룹을 만들고 유지했던 경험을 살펴서 이 포럼의 공식적인 단체메일 서비스를 구축하였다. 이 포럼에는 현재 100명이 넘는 회원들이 참여하고 있으며, 미술치료사들이 온라인에 가입하는 수가 증가함에 따라 더욱 발전하고 있는 추세다.

토론은 다음과 같은 주제에 중점을 두고 있다. 주로 미술치료 교육이론과 임상, 전문가적인 문제, 미국미술치료협회 이사회의 최신 행보 그리고 미국 내 미술치료의 실제와 관련된 대부분의 주제에 대한 e-청원(請願) 등을 다룬다. 최신 주제와 문제에 대한 사이버 투표뿐만 아니라 과거의 토론 기록도 찾아볼 수 있다.

온라인 메시지센터 및 실시간 채팅

온라인 메시지센터와 전자게시판(사이트를 보기 위해 방문한 모든 사람들이 볼 수 있도록 메시지를 올릴 수 있는 공간) 및 실시간 온라인 채팅(주어진 시간에 화면상에서 서로 반응하는 일종의 '문자' 대화)을 통하면 또 다른 대중적인 소통이 가능하다.

심지어 토론과 치료사들의 임상감독이 가능한 공간으로 상상해 본다면, 온라인 채팅과 전자게시판에 대해서 일단 나는 긍정적이다(Malchiodi, 1996b). 결과적으로, 수년 동안 채팅과 전자게시판을 관찰해 보니 이 방법들은 심도 있는 전문가적인 문제에 대한 논쟁과 토론보다는 이 분야에 대한 기본 정보를 보급하는 광장으로서의 기능이 더 큰 것 같다. 전자게시판은 도움이 되는 정보를 제공하는 방식이 새롭지 않기 때문에, 심도 있는 전문가보다는 미술치료 분야에 관심을 갖고 알고 싶어 하는 사람들에게 더 알맞다. 일반적인 미술치료 전자게시판과 메시지센터에 들어오는 대부분의 사람들은 어디서 미술치료에 관한 훈련을 받는지, 어디서 일을 구하는지, 다양한 환자들과 무슨 작업을 하는지에 대하여 질문한다. 한편, 전자게시판이나 채팅 광장에 올려놓은 것들은 영구적이기 때문에, 다른 사람들이 계속 읽을 수도 있다는 점을 의식해서 많은 치료사들이 자신의 의견을 올리는 것을 꺼려 할 수도 있다. 아마도 이것이 바로 사이버공간의 특성일 것이다. 왜냐하면, 웹 포럼과 전자게시판에서는 지금 이야기하고 있는 사람이 누구인지 눈으로 볼 수 없으며, 그들의 몸짓과 얼굴 표정을 시각적인 참고 자료로 사용할 수도 없기 때문이다. 그래서 메시지에 대하여 오해하고 곡해하는 일이 발생하며, 그로 인해 신경이 곤두서거나 마음의 상처를 받는 일도 자주 일어난다.

전자게시판과 온라인 채팅은 일반인의 관심이 없던 시기에 전문가들이 활발하게 토론할 수 있는 공간으로서의 역할을 했으나, 이제는 그 단계를 넘어선 것 같다. 예를 들어, AOL의 보건 및 의학 섹션의 '창의적인 미술치료 국제기구(Creative Arts Therapies International)'에서 주최하는 참여자들의 토론이 1994년과 1995년에는 매우 활발했지만, 최근에는 새롭게 올라오는 글이 별로 없다. 그 당시에는 미국 미술치료사인 Barbara Levy가 창의적인 미술치료사들과 동료 전문가 그리고 미술, 음악, 춤, 연극치료에 관심 있는 사람들을 위해 만든 전자게시판인 웹 포럼, '캣채팅(CATCHAT)'이 무척 활발했다. 대부분 먼저 올라온 글들은 언급한 것처럼, 훈련 프로그램(예, 어느 학교에 가야 할까요?)이나 구직(예, 어디서 일을 찾아야 할까요?)과 관련된 질문이기는 하지만, 매일 새로운 글들이 올라왔다.

게시판이나 실시간 채팅에 참여할 때, 고려해야 할 중요한 요소가 몇 가지 있다. 채팅을 주재하거나 토론을 주도하는 사람이 반드시 이 분야나 주제와 관련해 능력 있는 전문가일 필요는 없다는 것이다. 나는 AOL의 다양한 보건의료 분야에 관련된 채팅에 자주 참여했는데, 채팅을 주재하는 사람들 간의 능력이 심하게 차이가 날 때도 많았다. 인터넷 서비스 업체들은 굳이 미술치료 분야에서 가장 능력 있는 사람들을 리더로 선정할 필요는 없는데, 이유인즉 토론의 질이 그 리더에 의해서 좌우되는 경우는 드물기 때문이다. 그룹 미팅을 활성화하는 능력은 치료적인 전문성이나 협회 자격증 또는 다른 의학 자격증을 기반으로 하지 않기 때문이다. 채팅을 주재하는 사람들은 주로 특정한 주제나 그와 관련된 의견을 다른 사람들과 나누는 데 관심이 있어서 자발적으로 헌신하려는 사람들이다. 때로는 그 촉진자가 의학적인 배경을 가지고 있을 수도 있지만, 그것이 항상 그룹의 온라인 채팅을 활성화하는 능력을 말하는 것은 아니다. 왜냐하면, 이러한 방식의 소통은 진단적이거나 치료적인 처방에 맞는 조건이 아니기 때문이다. 예를 들어, 암환자 지지 그룹이나 정신질환에 관련된 토론의 경우, 채팅이 특정한 병을 앓은 적이 있는 비전문가들에 의해서 촉진되기도 한다. 이러한 온라인 그룹의 구성원으로 참여하는 것은 전문가로서의 발전과 개인적인 교육에 많은 도움이 될 수 있다. 육체적인 병이나 정신질환을 앓고 있는 사람들과 직접적으로 소통하면서 배울 수 있는 기회를 가질 수 있기 때문이다. 다음은 메시지센터나 온라인 전자게시판을 방문했을 때 볼 수 있는 실제적인 사례다.

미술치료 작업을 어떻게 하나요(WannabeAT): 안녕하세요? 저는 지금 미술치료에 관한 글을 쓰고 있는데, 정보가 좀 필요해요. 치료를 할 때 미술치료사가 활용하는 작업 과정에 대한 설명을 찾고 있답니다. 환자가 미술 작업을 마치면, 그다음에 무슨 일이 일어나나요? 작품에 관하여 물어보나요? 그다음에는 더 많은 상담을 하나요? 만일 누군가가 이에 대한 정보를 올려 준다면, 정말 고마울 거예요.

미술치료에 대한 정보가 당장 필요해요(I-Love-Art): 안녕하세요? 저는 만 15세의 고등학생인데요, 심리학 수업의 개인연구 프로젝트를 진행하고 있답니다. 연구 제목은 '그림을 그린 사람과 어린 시절의 기억 사이에는 관련성이 있는가' 입니다. 자발적으로 참석한 사람들에게 그림을 그리게 한 다음에 이 질문을 하고 있어요. 그다음에 제가 질문해야 하는 것들에는 어떤 것이 있을까요? 제안을 기다립니다. 이메일 주세요!

미술치료에 관심이 있어요(UndergradPsych): 안녕하세요? 필리핀에서 인사 드려요. 저는 미술이 부전공인 심리학과 학부생이에요. 최근 미술치료에 관해서 듣게 되었는데요, 제가 정보를 좀 더 얻을 수 있는지 궁금하네요. 미술치료라는 말이 굉장히 흥미롭고, 어쩌면

제가 원하던 바로 그 일일 수도 있을 것 같아요. 부모님은 제가 정신과 의사가 되기를 원하지만, 미술치료에 관하여 듣자마자 너무나 흥미를 느껴서 사실 좀 혼란스럽기도 해요.

게시판에 올라온 글들은 이런 종류가 일반적인데, 바쁜 전문가들이 시간을 내서 유용하고 상세한 정보를 주는 것이 참 인상적이다. 가끔은 미술치료 교육자들이 답변을 하기도 하는데, 그런 경우는 특별히 미술치료 공부를 진심으로 시작하려는 학생들이 질문했을 때다. 다른 경우, 미술치료사들이 시간을 내서 미술치료에 관하여 더 많이 알고 싶다고 질문하는 사람에게 '사이버 멘토' 역할을 할 수도 있다.

일반적으로 그룹 촉진자들은 그동안 올라온 글들의 목록이 있는 웹 포럼을 모니터링하고, 가끔은 포럼에 올라온 질문에 답한다. 그리고 무슨 글을 어떻게 올리고, 어디서 기본적인 정보를 찾을 수 있는지, 또는 일반적인 컴퓨터를 통한 소통 방식의 활용법에 관한 정보를 주기도 한다.

몇몇 메시지센터나 e-그룹에서 보면, 초보적인 질문에 대하여 수많은 글들이 올라오는 등 주제와 문제에 대해 심도 있는 응답이 이루어지고 있다.

컴퓨터 미술치료, 그런 게 있나요(Atx GradStudent): 저는 프랑스의 미술치료 전공 학생이에요. 저는 컴퓨터와 미술치료에 관한 연구 프로젝트를 진행하고 있는데 정신의학에서 컴퓨터 중재 미술치료에 관한 글을 쓰고 있어요. 미술치료 회기 때 중점적으로 컴퓨터를 활용해 작업하는 미술치료사가 계신가요? 그렇다면, 당신의 경험을 좀 듣고 싶어요. 또한 이 주제와 관련해서 가능한 한 더 많은 정보를 찾고 있답니다. 도와주세요.

올라온 글들 중에서 이것은 실제 메시지를 기초로 하여 꾸민 사례로서, 내용이 명확해서 많은 응답을 이끌어 낸 좋은 보기다. 실제 질문을 올렸을 때는 관심 영역에 대하여 올린 특별한 질문에 답하는 데 시간이 걸려서인지, 크게 유용한 응답이 5개만 올라왔다. 응답에는 실제로 미국과 캐나다에서 다양한 사람들을 대상으로 컴퓨터 미술치료를 진행하는 미국과 캐나다의 미술치료사 두 명이 올린 것도 있었다. 조언하기 위해서 접속한 두 명의 미술치료사의 이름과 함께 컴퓨터 미술치료에 관련된 주제를 다루는 웹사이트도 나와 있었다. 목록 서비스나 메시지센터에 질문을 올린다면, 누군가가 이에 대한 정보를 올릴 것이기 때문에 도움을 받을 것이 확실하다. 위의 사례는 특히 먼 곳에 사는 사람이 일반적인 도서관 검색을 통해서 쉽게 찾을 수 없었던 성격의 정보를 얻고 싶어 한 경우로, 주제(이 경우에는 컴퓨터 미술치료)에 대한 정보를 찾기 어려운 상황에서 컴퓨터를 통한 소통 방식이 매우 긴요하게 쓰일 수 있음을 보여 주는 확실한 예다. 그에 따른 응답이 바로 이루어지지는 않지만, 누군가가 더 많은 정보를 얻기 위해서 어디를 찾아봐야 할지, 누구와 접촉해야 할지 제안하거나 안내해 줄 것이다.

미술치료 온라인 전자게시판

다음은 온라인상에 미술치료사들이 메시지나 질문을 올릴 수 있는 웹사이트에서 최근에 찾아낸 예다.

창의적인 미술치료 국제기구
(Creative Arts Therapies International, http://www.behavior.net)

이 포럼은 모든 종류의 미술치료에 중점을 두며, 누구나 주제와 관련된 아이디어와 생각 그리고 질문을 올릴 수 있다. 포럼은 누구에게나 열려 있으며, 'Behavior Online'(메인 화면에 들어갔다면 'Creative Arts Therapies International'을 클릭하세요)을 통해서 접속할 수 있다. 잘 정리된 사이트로 수년간 존재해 왔으며, 방문객이 하루에 천여 명에 달한다. 최근 포럼이 갱신되어 새로워졌다. 이제는 컨설팅 관련 편집자인 Martin Perdoux와 이 책의 저자인 내가 주도하고 있다. 포럼의 회장인 Perdoux는 이 사이트가 미술치료 기법과 접근법 그리고 시각에 있어서 그 차별성이 지속적으로 드러나기를 바라고 있다. 그러나 주제에는 제한이 없다. 미술 기반 연구를 비롯해서 미술과 환경의 관계 또는 미술과 영성을 다룰 때도 있다. 또한 창의적인 미술치료의 문화적 특징을 비롯하여 치료 윤리와 치료 결과, 시각예술과 공연 그리고 음악 사이의 관련성이 논의되기도 한다. 이 밖에 치료사의 미술 작업과 임상을 위한 전문적인 환경이 얼마나 다양하고 그 범위가 넓은지와 치료 사례에 대한 논의도 이루어진다.

미술치료 재학생 네트워킹 포럼
(Art Therapy Student Networking Forum, http://forums.delphi.com/atstudents/start/)

이 포럼([그림 3-1] 참조)에는 토론 그룹과 미술치료 학부생 및 대학원생들의 네트워킹과 아이디어 공유 그리고 서로 간의 소통을 위한 웹사이트가 있다. 미술치료 재학생 네트워킹 포럼은 크게 7가지 영역으로 구분된다. 일반 토론, 공지 사항, 미술치료 링크, 구직/인턴십/네트워킹, 미술, 행사 그리고 미국미술치료학회 학생 준회원 소식 등이 그것이다. 최근의 논의 내용을 살펴보면, 미술치료 학생으로서의 출발점에 관한 것이 있다. 미술치료 작업을 통해서 돈 버는 법과 미술치료 대학원 과정에 대한 일반적인 논의 그리고 토론자들이 관심 있어 하는 특정한 대상과 작업하는 것 등이 그것이다.

이 포럼의 설립자이자 코디네이터인 Gretchen Miller는 대부분의 방문자들이 학생이라는 것을 알게 되었다. 1999년 사이트를 시작할 때부터 대부분의 방문자들은 미술치료 교육 프로그램 과정에 있는 미술치료 대학원생들이었다. 그녀가 미국미술치료학회의 학생 준회원 모임의 회장으로 일한 결과, 포럼이 시작된 것이다. 그때 그녀는 과거 학술대회 때 이메일 주소를 얻었고, 결과적으로 미술치료 재학생들을 포럼에 참여하도록 격려할 수 있었다. 그 후 몇 년 동안 인터넷 검색과 컴퓨터를 통해서 포럼에 대한 소문이 퍼져 나갔다.

Miller는 요즘에는 학부생들이 더 많이 글을 올리고 있으며, 대학원에 어떻게 지원하는지, 자신들이 속해 있는 교과과정에 대해서 현재 학생들은 어떻게 생각하고 있는지 등 주로 미술치료 대학원 과정에 대한 질문이라고 말했다. 미국과 해외에 있는 고등학생은 물론 대학원을 마친 전문가 역시 포럼을 방문한다.

글을 쓰고 있는 동안 자세히 살펴보니, 한 달에 200명이 넘는 사람들이 포럼을 방문했다. 또한 포럼은 미술치료사들과 실시간 온라인으로 채팅을 주도하고 있으며, 이러한 채팅의 진행 기록은 사이트를 통해서 볼 수 있다.

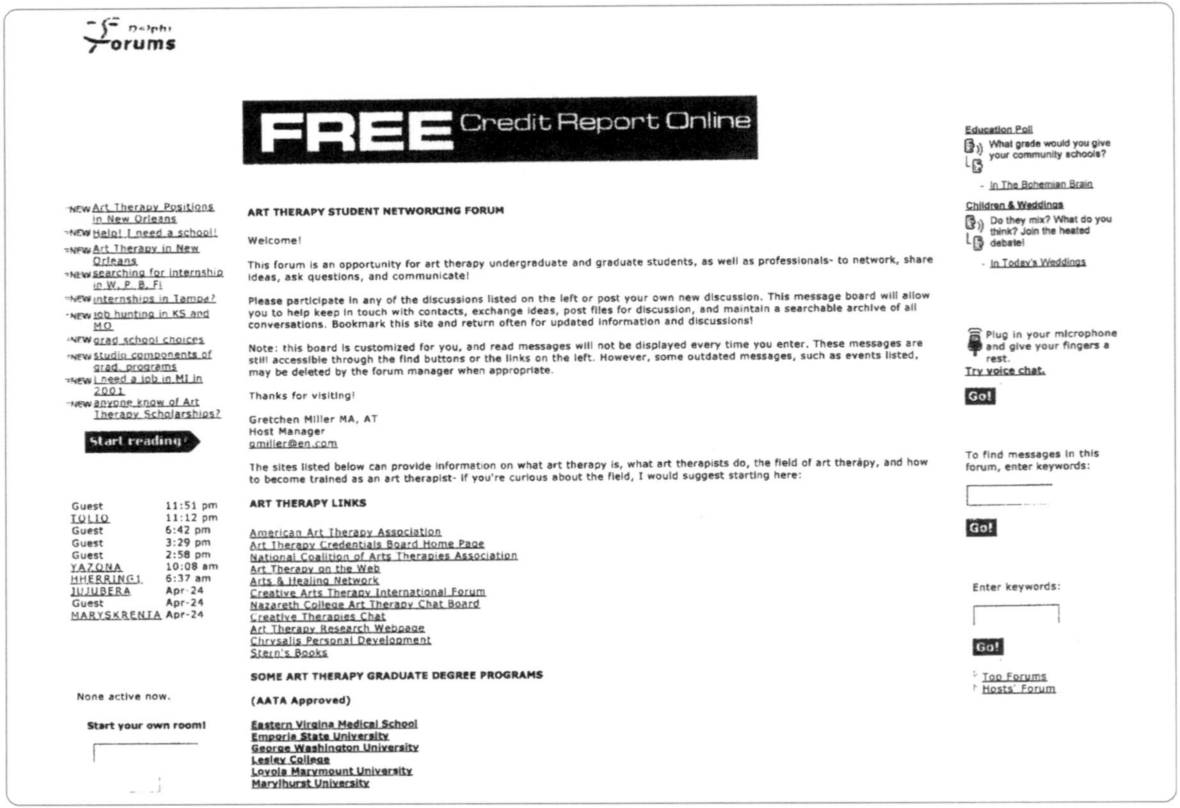

[그림 3-1] 미술치료학과 재학생 네트워킹 포럼 사이트

온라인 채팅

인터넷을 통해서 다른 미술치료사들과 '실시간' 커뮤니케이션을 할 수 있는 방법은 다음과 같다. 몇 가지 이름으로 불리는데, 가장 많이 알려진 '온라인 채팅 공간'은 정해진 시간에 그룹 사람들이 만나기로 결정하는 특별한 사이버공간이다. 많은 인터넷 서비스 업체들은 채팅 공간을 둘 이상의 사람들이 만나서 마치 대화하듯이, 컴퓨터 키보드를 이용해서 이야기를 나누는 곳으로 설계하였다. Chriss Berk는 창의적인 미술치료사들을 비롯하여 미술치료에 관심이 있는 사람들과 AOL에서 실시간 채팅을 했다고 한다.

네티켓: 온라인에서 당신은 어떻게 행동하는가

네티켓(netiquette)이라는 말은 '이메일이나 게시판에 글 올리기 또는 실시간 채팅 등을 할 때 두 사람 이상이 서로 간에 예의를 지키며 온라인 소통을 하는 것'이라고 정의 내릴 수 있다. 네티켓은 인터넷을 통해서 다른 이들과 소통할 때 공손한 태도와 행동의 규칙이 필요하다는 요구에 부응하여 생겨났다. 이제 네티켓에 대한 일반적인 내용을 검토하고, 다른 이들과의 온라인 소통에 적용될 수 있는지에 관하여 살펴볼 것이다.

네티켓의 기본 법칙

▶ 철자법 확인

인터넷과 이메일은 소통을 위한 비형식적인 공간처럼 보이지만, 넷에서 '나'라는 존재는 내가 타이핑한 내용 그 자체라고 할 수 있다. 사람들은 내가 보낸 메시지를 통해서 내가 누구인지 알게 된다. 철자법 교정도구를 사용하라. 비록 철자법 교정도구가 완벽하지는 않지만, 적어도 나의 실수는 어느 정도 찾아 주며, 그 안에서 전달되는 나의 메시지가 '진정성' 있는 언어라는 것을 보장해 줄 것이다.

▶ 영어 대문자

영어로 메시지를 보낼 때 전부 다 대문자로 보내지 마라. 인터넷에서 이것은 마치 소리를 지르는 것처럼 보여서, 무례하고 불쾌한 인상을 준다. 이는 특히 사람들이 모여서 실시간으로 온라인 대화를 하는 채팅 공간에서 더욱 그렇다.

▶ 과거 게시판 읽기

미술치료사들에게도 해당되는 것으로, 공적인 게시판에 글을 올리는 것과 관련된 문제점의 하나는 반복적으로 나오는 내용이다. 수고스럽겠지만 반드시 시간을 가지고 과거에 게시된 글들을 읽어보라. 그래야 지금 게시하는 글이 '쓸데없는 시간 낭비'가 되지 않을 것이다.

▶ 친절하게, 관대하게

친절하고 관대해야 한다는 것은 두말하면 잔소리겠지만, 그럼에도 불구하고 여기서 한 번 더 짚고 넘어가야겠다. 비록 나 자신은 컴퓨터의 명수이고 인터넷 도사일 수 있지만, 인터넷과 네티켓, 인터넷 서핑 그리고 온라인 소통에 관하여 이제 막 배우기 시작한 사람들도 있다는 사실을 항상 기억해야 한다.

인터넷 용어사전에 보면 'newbie(초기 사용자)'에 대해 인내심을 가지라는 내용이 나온다. 기억하라. 나도 한때는 신출내기였다는 사실을. 예를 들어, 보통은 나도 목적을 가지고 목록에 나와 있는 모든 사람들에게 메시지를 보내지만, 가끔은 실수로 '모두에게 답장'이라고 쓰인 아이콘을 잘못 누르는 바람에 답장도 대량으로 받을 때가 있다. 그리고 앞서 언급한 것처럼, 게으르거나 전자게시판에 먼저 올라온 글을 읽지 않아서 3주 전에 올라온 것과 똑같은 질문을 하는 사람들도 있다. 이런 경우에 전체 메일 목록은 그 사람에 대해 응답하는 것을 용인하지 않는 분위기다. 그런 사람들에게 조언하고 싶다면, 정중하고 사려 깊은 방식으로 하자. 기억하라. 인터넷에서는 몸짓이나 얼굴 표정과 같은 비언어적인 단서가 전해지지 않기 때문에, 인터넷에서 '나'라는 존재는 내가 쓴 글 그 자체다. 따라서 메일로 응답할 때 내가 무슨 글을 어떻게 쓰고 있는지 주의를 기울여야 한다.

누군가의 이메일이나 게시판에 쓴 글은 잘못 해석되기가 너무나 쉽기 때문에, 사람들이 넷에 올라온 글을 읽고 왜 그렇게 화를 내는지도 쉽게 이해가 간다. 때때로 이메일과 게시판의 글이 의도적은 아니겠지만 적의가 있는 것처럼 보일 때가 있다. 그럴 때 우리는 모두 한동안 분노에 휩싸여 있다가 응징적인 답장을 보내거나 리플을 달려고 할지도 모른다(나도 그런 적이 있다). 이처럼 과장된 분노의 형태는 한마디로 '부르르 떨린다.'는 표현이 적당한데, 이럴 때 우리는 거르지 않고 솔직히 말하려는 충동을 피할 수 있어야 한다.

게시판에 글을 올릴 때나 리플을 달 때 문화적 혹은 이성적으로 배려하는 관점을 반드시 지녀야 한다. 메시지를 보내기 전에 적어도 두 번은 읽어 보고, 반드시 철자나 뜻이 맞는지 확인할 필요가 있다. 게시판에 글을 올리거나 메일을 쓰는 데 있어서 특별히 염두에 두어야 할 점은, 그 뜻이 분명하면 할수록 좋다는 것이다.

▶ 반사회성 이메일과 게시 글

절대로 보내서는 안 되는 이메일에는 두 가지 종류가 있는데, '체인 이메일'과 '스팸 메일'이 이에 해당된다. 체인 이메일이란 10년 전 '행운의 편지'의 현대적인 아류작이다(불특정 다수에게 증식되어 전송되는 것을 목적으로 하는 메일-역주). 체인 이메일을 보내는 일은 너무나 쉬워서 단순히 '다음'을 클릭하거나, 주소를 선택한 다음 '답장' 버튼만 누르면 된다. 10년 전 전통적인 행운의 편지에는 비싼 초콜릿칩 쿠키 요리법이나 미국 공영라디오 방송국의 기부금 신청서 그리고 편지를 가장한 수많은 컴퓨터 바이러스가 들어 있었다. 때때로 메일을 받으면, 어떤 것이 정말 중요하고 진정한 정보인지 말하기 어려울 때도 있는데, 그럴 때는(인터넷 경로를 포함해서) 보지 말고 지우는 것이 최선이다.

스팸 메일은 인터넷 세상에서 참으로 반갑지 않은 양상 중의 하나다. 스팸은 같은 메시지를 가능한 한 많은 이메일 주소나 게시판에 보내는 것으로, 체인 이메일을 보내는 것도 여기에 속한다. 어떤 ISP는 스팸 메일을 보낸 사람이 누구인지 알 수 있기 때문에, 혹시 내가 그랬다면 경고를 받을 수도 있다.

▶ 첨부파일을 보내기 전에 먼저 묻기

이메일의 첨부파일은 문서나 그래픽이 포함된 문서를 보내는 데 효과적이고 놀라운 방법이다. 그러나 내가 파일을 보낸 모든 사람들이 그 파일을 모두 읽을 수 있는 것은 아니다. 예를 들어, PICT 파일(그래픽 이미지 파일)을 프로그램이 없는 사람에게 보낸다면, 그들은 그래픽 파일을 열 수가 없다. 그들이 첨부파일을 받고 열어볼 수 있는지, 우선 받게 될 사람에게 묻는 것이 네티켓을 잘 지키는 방법이다.

인터넷과 문서 전송

미술치료사들은 이제 컴퓨터 테크놀로지와 그 기술을 이용한 소통 덕분에 정보를 교류하고, 광범위하게 참고문헌을 검색하며, 세계 곳곳의 협력자들과 함께 연구할 수 있는, 새롭고 다양한 가능성의 시대를 맞이하게 되었다. 인터넷에서 이메일을 통해서 문서와 이미지를 전송하는 속도와 질은 매우 놀랍다. Shaun McNiff가 『미술-기반 연구(Art-Based Research)』(1998)라는 책을 쓰고 있던 수 년 전에, 그는 내게 자신의 초안을 읽어 보고 제안이나 의견이 있으면 말해 달라고 부탁했다. 나는 이메일을 통해서 '좋다'는 메시지를 보내고 나서, 아마도 보통우편으로 그의 원고가 당도하려면 적어도 일주일은 걸릴 것이며, 나의 스케줄을 감안할 때 그 달 안에 읽을 수 있겠다고 생각했다. 그날 오후 이메일을 확인해 보니, 그가 보낸 두 번째 메일이 이미 도착해 있는 것을 발견했다. 이메일에는 문서가 첨부되어 있었다. 나는 첨부파일을 다운로드 했고, 워드프로세싱 프로그램을 활용해 그것을 열어 보고는 깜짝 놀랐다. 내 앞에 거의 7만 단어에 육박하는 초안이 스크린으로 펼쳐져 있는 것이 아닌가! 그가 동료들로부터 보충이나 수정을 제안받은 후에 고쳐서 출판사 관계자에게 보내고자 계획했던 그대로 완벽한 형태로 전송된 것이다. 이 문서가 계획보다 굉장히 빨리 도착했기 때문에 나는 (죄책감이 조금 들기는 하지만) 약간의 부담감을 느끼면서 초안을 읽기 시작했고, 며칠 후에 그가 원하는 답장을 이메일로 보낼 수 있었다.

거의 일 년 후에, 나도 아주 긴 원고를 출판사 편집자에게 메일로 전송했다. 그전에는 항상 조심스럽게 완성된 원고나 논문을 복사한 다음, 컴퓨터 디스켓과 함께 출판사에 보냈다(물론 내가 처음 책을 출간했던 1980년대에는 컴퓨터 디스켓도 필요 없었는데, 그 시절에는 많은 편집자들이 여전히 복사물을 가지고 작업했다). 원고가 도착해야 할 곳이 어디인지에 달려 있기는 했지만, 원고를 메일이나 특급

우송 서비스로 보냈으며, 원고가 여기저기를 거쳐서 편집자의 눈앞에 도착하기까지는 여러 날이 걸렸다. 만일 내가 이 방법으로 이 책의 원고를 런던에 있는 이 책의 발행인 Jessica Kingsley에게 '빠른우편'으로 보내고, 일주일 안에 도착한다면 너무나 다행이라고 생각했을 것이다. 그런데 이제는 내가 원고를 전송한 바로 그다음 날, 우리는 책의 내용에 대해서 첫 의견 교환을 할 수 있었고, 나는 3일 안에 기본적인 질문이나 내용 중에 빠진 부분에 관한 답장을 편집자에게 보낼 수 있었다. 정보를 구하는 데 시간을 다투고, 자료를 출판하는 데 쫓기는 세상에서는 기존의 전송 방법과 비교할 때 되도록 빨리 컴퓨터로 전송하는 것이 확실히 이익이 된다.

오늘날, 대부분의 편집자들은 컴퓨터 전송 방식만을 사용한다. 발행인으로서 나는 문서를 받을 때나 편집자 혹은 인쇄업자에게 자료를 넘길 때도 이 방법이 필수적이라는 것을 깨달았다. 한동안은 이메일에 첨부된 원고를 받은 사람의 컴퓨터에서 문서가 열리지 않거나, 열리기는 하는데 저자의 의도와는 다른 형태로 깨져서 나오기도 했다. 그러나 매년 워드프로세싱과 온라인 전송 기술이 개선되면서 온라인 전송은 사람들이 문서화된 정보를 신속하고 정확하게 주고받을 때 가장 선호하는 방식이 되고 있다.

전자 뉴스레터와 기타 출판물

➲ 국제 미술치료 연구 저널
(International Arts Therapies Research Journal, S.Hogan@derby.ac.uk or www.derby.ac.uk/v-art)

2000년에 Susan Hogan과 Graham Dickerson이 창간한 사이버 출판물로 미술치료사들에게 맞는 논문과 책 서평, 검색엔진 그리고 공연 평 등이 실려 있다. 인터넷 출판과 관련하여, 제출은 이메일이나 보통우편으로 하면 된다. 이 잡지는 인터넷을 통해서 무료로 제공된다(지금은 'Cyber Art Therapy Network'로 사이트 이름이 변경됨-역주).

정신건강과 의학 분야의 웹사이트를 통해서 이용할 수 있는 e-뉴스레터도 많이 있다. 다음의 e-뉴스레터는 내가 찾아낸 것들로, 도움이 되었으면 좋겠다.

➲ 건 강
(Health, http://www.athealth.com)

이 사이트는 전문가와 건강 정보 수요자 모두를 위한 것이다. 전문가들에게 제공되는 서비스 부분인, 'Friday's Progress Notes'라 불리는 주간 e-뉴스레터를 구독 신청할 수 있다. 이 정신건강 뉴스레터에는 특정한 질병과 장애에 대한 정보, 미국 전역에 걸친 컨퍼런스나 워크숍 스케줄 그리고 평생교육 과정에 대한 정보가 들어 있다. 과거 뉴스레터의 기록은 http://www.athealth.com/Practitioner/Newsletter/newsletter.cfm에서 볼 수 있다.

존스 홉킨스 건강 정보
(Johns Hopkins Health Information, http://www.intelihealth.com)

이 사이트는 의학 및 정신보건 연구에 관한 최신 정보와 관련하여 매일 e-뉴스레터를 제공한다. 다루는 주제는 다이어트와 운동에 대한 실제적인 건강 정보에서부터 암과 심장질환, 중요한 건강 문제에 대한 최첨단 검색 엔진에 이르기까지 매우 다양하다. 전문가를 위한 뉴스레터(보건의료 종사자와 상담 그리고 치료사 등을 위한)나 환자가 더 읽기 쉬운 일반적인 뉴스레터 중에 하나를 구독 신청할 수 있다. 신청하기 위해서는 위의 사이트를 방문해서 절차를 따르면 된다.

시각예술 분야에서 전시나 갤러리, 출품 등의 정보와 관련해서 내가 잘 이용하고 있는 뉴스레터를 하나 추천하려고 한다.

절대예술
(Absolute Arts, http://www.absolutearts.com)

이 뉴스레터는 웹사이트 'World Wide Arts Resources'에서 매일 발행되는 무료 미술 관련 뉴스 서비스다. 이 e-서비스는 미술 분야에서 어떤 일이 일어나고 있는지 새롭게 일깨워 주는 역할을 할 것이다. 이 뉴스레터를 신청하면, 매주 월 · 수 · 금요일에 이메일로 최신호를 받아 볼 수 있다. 또한 직접 웹사이트를 방문해서 매일 온라인으로 미술 관련 뉴스를 읽을 수 있다.

신청이 가능한 뉴스레터나 e-그룹은 수없이 존재한다(그러나 어떤 경우에는 특정 분야의 전문가로 일해야 신청 조건을 만족시킬 수 있고, 또 어떤 경우에는 아이디와 이메일 주소 이상으로 아무것도 요구하지 않는 경우도 있다). 'e-그룹(eGroups.com)'과 같은 사이트에서는 미술치료사가 신청할 수 있는 e-그룹 목록을 제공한다. 온라인 뉴스레터는 대체로 기관이나 회사의 웹사이트를 방문해서 별다른 요구 사항 없이 신청만 해도 될 것이다.

이 책이 출판되기 전까지는 e-그룹이 매력적이면서도 실망스러운 면이 있었지만, 정보의 교류와 네트워킹 그리고 인터넷 쇼핑에 관하여 헤아릴 수 없고 제한도 없는 개척지로 급부상하고 있기 때문에, 앞으로는 틀림없이 지금과는 다른 면모를 보이게 될 것이다.

제4장

미술치료와 웹

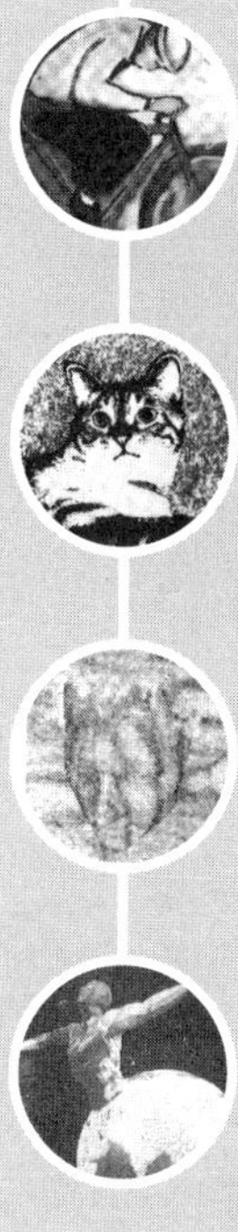

웹

간략한 개요

컴퓨터를 이용해 인터넷 서비스 업체(Internet Service Provider: ISP)에 접속하는 사람들은 대부분 '웹(web)'이 무엇인지 알고 있을 것이다. 그러나 컴퓨터를 막 사용하기 시작했거나 웹이 무엇인지 한 번도 생각해 본 적이 없는 사람들이라면 다음과 같은 간략한 개요가 현재의 상황을 이해하는 데 도움이 될 것이라고 믿는다.

첫째로, 이전 장에서 언급한 바와 같이 웹과 인터넷이 같지 않다는 것을 자각하는 일은 매우 중요하다. 인터넷 네트워크는 웹의 중심에 위치해 있기 때문에, 웹이 기본적으로 인터넷의 상위개념이다. 웹은 그 자체로 세계 곳곳의 정보를 담고 있고, 개인과 조직, 기관 그리고 비즈니스 업체에 의해 만들어지며, 웹 페이지(web page)라고 불린다. 요즘 사람들은 자신의 개인 웹 페이지에 대한 대화를 나누거나 명함이나 광고에 'www……' 주소를 적는 것이 관례다. 각 웹 페이지는 글과 이미지 그리고 음향이나 애니메이션

[그림 4-1] 웹과 넷

※ 허가를 받고 게재함

클립의 집합체다. 그리고 가끔 다른 웹 페이지와 연결할 수 있는 링크도 포함된다. 링크를 클릭하면 브라우저가 자동으로 다른 사이트로 접속시켜 준다. ISP가 불안정하지만 않다면 전 세계의 다양한 사이트들과 연결되는데, 불과 몇 초밖에 걸리지 않는다.

웹의 가장 중요한 특징 중 하나는 웹상의 정보가 검색 가능하다는 점이다. 일반적인 검색엔진('부록' 참조) 중 하나를 사용하면, 검색하고자 하는 주제와 관련된 웹 페이지의 목록을 볼 수 있다. 이러한 특징 덕분에 단지 검색창에 '미술치료'라는 단어를 치기만 해도 국제조직과 협회, 교육 기회와 미술치료에 관한 뉴스, 보건의료와 관련된 미술, 재활 그리고 의학 관련 정보를 검색할 수 있다. 우선 URL(Uniform Resource Locator, 정보의 위치를 알려 주는 표준 주소 체계-역주)에 들어가야 하는데, 이는 기본적으로 'http://……' 나 'www……'로 시작되는 일련의 문자다. 예를 들어, 브라우저 창에 'http://www.arttherapy.org' 라고 치고 엔터 키를 누르면, 미국미술치료학회의 홈페이지에 연결될 수 있다.

웹은 너무나 방대해서 하루 종일 컴퓨터에 앉아서 모든 작업 시간을 검색하는 데 보낸다 해도 웹상에 있는 것들의 단지 몇 퍼센트밖에 볼 수 없다. 무엇보다도 웹 페이지는 일반적으로 어떠한 비판적인 논평의 대상이 아니라는 점을 인식하는 것이 중요하다. 다시 말해, 신문이나 고속도로 광고 게시판에 광고하는 것처럼 누구나 웹 페이지를 만들고, 선택한 정보를 설명하기 위해서나 사업 또는 자신이나 다른 사람에 대한 서비스를 증진시키기 위해서 이 공간을 사용할 수 있는 것이다. 웹 페이지에서 무엇인가를 읽는다고 해서 그것이 반드시 사실이거나 최고의 정보인 것은 아니다. 정확성은 오직 그것을 쓰거나 만들어 놓은 사람의 수준에 달려 있다.

미술치료사는 어떻게 웹을 사용하는가

미술치료사들이 미술치료 서적과 학술지 또는 전문가 협회 등을 통해 여태껏 바라 왔던 것 이상으로, 지금처럼 미술치료에 대한 이해와 활용이 촉진된 것은 모두 웹의 등장 덕분이다. 학술지나 서적들이 기껏 해야 몇 천 명의 구독자에게 읽혀지기를 바라는 데 반해 웹상의 모든 미술치료 관련 자료들은 수만 명의 사람들에게 읽힐 수 있다. 세계 곳곳의 사람들이 인터넷과 웹을 이용할 수 있게 된 후로, 나에게 미술치료 관련 정보를 요청하는 건수가 몇 년 전에 비해 매주 열 배 이상 증가했다. 이러한 현상의 원인 중 하나는 인터넷과 이메일을 이용하기가 용이해진 것과 관련이 있다. 누구나 쉽게 정보를 요청하는 이메일을 보낼 수 있는 것이다. 게다가 미술치료 관련 질문이 증가한 것은, 나의 경험에 비추어 볼 때 미술치료 정보나 미술치료사들의 이메일 주소와 링크될 수 있는 웹사이트에 접속하는 것이 가능해졌기 때문이다. 대학원생과 학부생 모두 이제는 연구와 관련하여 도서관과 인쇄된 자료를 활용하는 횟수만큼 자주 웹을 사용하고 있다.

진취적인 미술치료사들과 미술치료 조직은 웹을 미술치료 분야에 대한 대중의 이해를 돕는 공간으로 활용한다. 그들은 웹을 통하여 자신의 실무나 전문성을 광고하기도 하고, 책과 워크숍 그리고 관련 제품을 선전하는 전자 상거래를 시작했다. 이전 장에서 묘사한 바와 같이, 인터넷 덕분에 미술치료사들은 빠른 속도로 세계 곳곳의 미술치료사들과 실시간으로 소통하는 것이 가능한, 첫 번째 국제조직을 만들 수 있었다. 최근에는 국제적인 미술치료협회와 나라별 협회 그리고 창의적인 미술치료협회(Creative Arts Therapies Associations)를 비롯하여 진취적인 미술치료사들이 개발한 꽤 많은 웹 페이지들이 있다.

Petrea Hansen-Adamidis의 '캐나다 미술치료(Art Therapy in Canada)' 웹 페이지는 미술치료 정보에 관한 웹 페이지 중 가장 큰 것으로, 1996년부터 계속 활용되고 있다. 글을 쓸 당시, 그녀의 웹 페이지에는 13만 4,000명이라는 경이적인 숫자의 방문자들('hits'라고 불리는)이 다녀갔다. 이 웹 페이지는 하나의 독자적인 모험의 기록으로, 홈페이지에 적혀 있는 환영 인사를 보면 그녀가 웹에 쏟아부은 노력이 어느 정도인지 알 수 있다.

> 환영합니다! '캐나다 미술치료'는 캐나다 최초의 미술치료 정보 제공 웹 페이지입니다. 미술치료에 관심 있는 사람들은 누구나 학술지와 서적을 비롯하여 국제 미술치료 관련 참고 서적에 실려 있는, 캐나다 미술치료 워크숍과 학술대회, 협회 관련 자료를 찾아볼 수 있을 것입니다. 이 페이지는 매주 업데이트됩니다.

Gretchen Miller와 같은 다른 미술치료사들은 앞 장에서 설명한 바와 같이 학생과 미술치료 전문가들을 돕는 사이트를 개발하였다. 미술치료사 Donna Betts는 미술치료 연구를 증진시키는 데 기여하는 웹 페이지를 구축하였다. Betts는 이 웹 페이지가 미술치료 분야의 증진과 더불어 미술치료 연구와 관련된 소규모 정보센터의 역할을 하기를 원했다. 그녀의 웹 페이지에는 연구 출처와 참고 서적이 들어 있다(http://www.arttherapyresearch.homestead.com).

'제5장'에서 Shaun McNiff는 누구나 이미지를 스캔해서 웹 페이지에 올려놓으면, 즉각적으로 어디서나 사람들과 그것을 공유할 수 있다는 것을 알게 되었다고 한다. 이러한 사이버 갤러리 덕분에 미술치료사들은, 관람객들이 갤러리나 미술관에 직접 오지 않으면 볼 수 없던 작품들을 수천 명의 관람객들과 공유할 수 있게 된 것이다. '미술과 치유 네트워크(the Arts and Healing Network, http://www.artheals.org)' '아동 손잡아 주기 미술관(Hugging Hands Kids Arts Museum, http://www.hugginghands.org)' '학대받은 아동을 위한 무료 예술(Free Arts for Abused Children, http://www.freeartsaz.org/aboutfa.html)'과 같은 웹사이트들은 지방과 지역 그리고 국가적 차원에서, 미술이 어떻게 치유와 회복의 과정에 활용되는지를 보여 주고 있다. 다른 미술치료사들과 같이 McNiff도 자신의 사이버 갤러리(http://www.endicott.edu/staff/mcniff)가 있다. 작품을 직접 보는 것이 확실히 더 자극이 되겠지만, 이러한 웹사이트를 통해서 사람들은 언제든지 사이버 갤러리를 방문할 수 있다.

새로운 소프트웨어 덕분에 웹사이트를 만드는 일이 더욱 쉬워지면서, 많은 미술치료사들이 자신의 서비스를 광고하고, 대중적인 정보를 제공할 수 있는 사이트를 개발하고 있다. 미술치료사 Carol Lark와 Robin Feldman은 웹사이트의 존재가 어떻게 해서 미술치료에 도움이 되는지를 설명하였다. 즉, 웹사이트를 통해서 관심 있는 사람들에게 미술치료 작업에 관하여 설명할 수 있고, 치료 관련 전문지식도 공개하며, 정보 및 관심이 같은 다른 웹사이트에 링크하는 기능을 제공할 수 있다는 것이다. 캐나다 브리티시컬럼비아주 밴쿠버에 있는 Feldman은 자신의 사이트 '심상미술치료실(Inner Imagery Art Therapy Studio, http://www.islandnet.com/~sora/art/)'을 통해 내담자와 잠재적인 고객에게 미술치료에 대한 기본 정보나 모래놀이 상자와 같은 표현예술치료 기법 등을 제공하고 있다([그림 4-2] 참조). Carol Lark는 웹 페이지인 미술치료

(http://www.arttherapy.com, [그림 4-3] 참조)를 통해서 미술치료사와 예술가들에게 비슷한 정보와 더불어, 그들이 관심을 가질 만한 유용한 사이트와 다양하게 링크될 수 있도록 도움을 주고 있다. 미술치료사들은 이제 자신의 나라에서 미술치료 분야를 촉진할 뿐만 아니라, 국제적으로 네트워크를 확장할 수 있는 가능성을 위하여 웹을 사용하기 시작했다. 예를 들어, 표현예술치료사인 Mariana Santistevan은 페루에서 그룹 작업을 하고 있는데, 그녀는 작업에 대한 전문가적인 의견을 소개하고, 남미를 넘어서 일반 대중들이 미술치료에 대한 인식을 높일 수 있도록 돕고 있다. '페루미술치료협회(The EQUIPO de Terapias de Arte)'는 페루의 전문 미술치료사들이 자신의 나라에서 표현치료 분야를 발전시키기 위해서 조직한 것이다. 2000년 2월경 EQUIPO는 인터넷 매거진인 「미술공책(Cuadernos de Arte)」을 창간했다. 매거진은 누구나 사이트(http://terapiasdearte.perucultural.org.pe)를 방문하면 읽을 수 있다. 국제적인 특성이 있는 또 다른 웹사이트로는 '사이버 미술치료센터(the Virtual Arts Therapies Centre, http://www.derby.ac.uk/v-art)'가 있다. 이 사이트는 미술치료사인 Susan Hogan이 개발한 것으로, 공지 사항과 정보 교환 게시판 그리고 예술치료사들이 서로 교류할 수 있도록 미술과 연극, 춤동작, 음악치료와 관련된 정보를 담고 있는 데이터베이스가 구축되어 있다. 이 웹사이트를 통하면 정보 페이지와 국제 예술치료사들의 학술지에 접속할 수 있으며, 무료로 제공되는 통학문적인 학술지를 조회할 수 있다. 계획 중인 사이버 갤러리 역시 머지않아 보게 될 것이다.

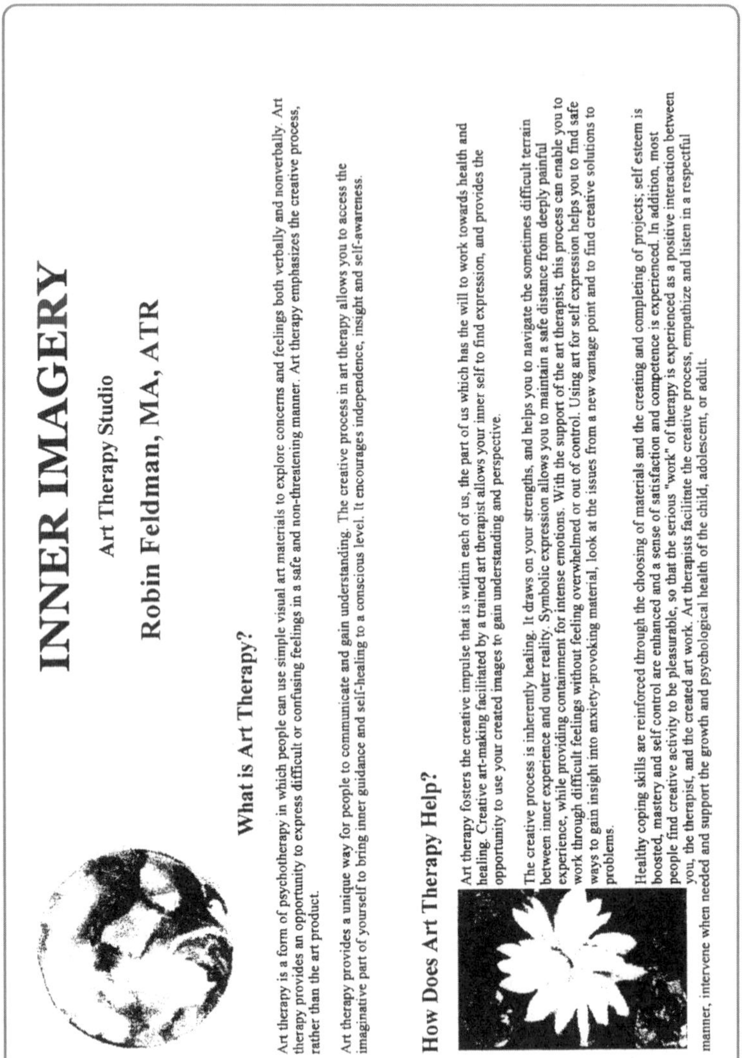

INNER IMAGERY

Art Therapy Studio

Robin Feldman, MA, ATR

What is Art Therapy?

Art therapy is a form of psychotherapy in which people can use simple visual art materials to explore concerns and feelings both verbally and nonverbally. Art therapy provides an opportunity to express difficult or confusing feelings in a safe and non-threatening manner. Art therapy emphasizes the creative process, rather than the art product.

Art therapy provides a unique way for people to communicate and gain understanding. The creative process in art therapy allows you to access the imaginative part of yourself to bring inner guidance and self-healing to a conscious level. It encourages independence, insight and self-awareness.

How Does Art Therapy Help?

Art therapy fosters the creative impulse that is within each of us, the part of us which has the will to work towards health and healing. Creative art-making facilitated by a trained art therapist allows your inner self to find expression, and provides the opportunity to use your created images to gain understanding and perspective.

The creative process is inherently healing. It draws on your strengths, and helps you to navigate the sometimes difficult terrain between inner experience and outer reality. Symbolic expression allows you to maintain a safe distance from deeply painful experience, while providing containment for intense emotions. With the support of the art therapist, this process can enable you to work through difficult feelings without feeling overwhelmed or out of control. Using art for self expression helps you to find safe ways to gain insight into anxiety-provoking material, look at the issues from a new vantage point and to find creative solutions to problems.

Healthy coping skills are reinforced through the choosing of materials and the creating and completing of projects; self esteem is boosted, mastery and self control are enhanced and a sense of satisfaction and competence is experienced. In addition, most people find creative activity to be pleasurable, so that the serious "work" of therapy is experienced as a positive interaction between you, the therapist, and the created art work. Art therapists facilitate the creative process, empathize and listen in a respectful manner, intervene when needed and support the growth and psychological health of the child, adolescent, or adult.

[그림 4-2] Robin Feldman의 웹사이트

THE ART THERAPY CENTER

Welcome to the Art Therapy Center

On this web site you will find information about Carol Lark's private art therapy practice, the Visual Dialogues Project, the Storefront Studio, training opportunities, classes, groups and workshops, as well as links to related sites. This site is still being developed, so please bookmark it and visit again. To navigate, click on highlighted text.

NEW! Training Seminar: May 4-6, 2000
"The Clinical Encounter: A Somatic And Developmental Approach"

The Art Therapy Center
- Art Classes and Workshops
- Current Psychotherapy Group Schedule

The Storefront Studio
- Visual Dialogues Gallery-Studio

The Visual Dialogues Project
- Mother Tongue in St. Louis
- "Panel Discussions": The Exhibit at Left Bank Books

About Carol Lark

Figure 4.3 The Art Therapy Center: Carol Lark's website

[그림 4-3] Carol Lark의 웹사이트: 미술치료센터

나의 웹사이트 구축하기

이제까지 미술치료사들이나 다른 전문가들이 웹에서 이룬 다양한 업적에 관하여 읽으면서, 어쩌면 독자들도 자신만의 작은 공간을 만드는 일에 흥미를 느꼈을지도 모르겠다. 인터넷에 접속할 수 있고, 이메일 주소를 가지고 있다면 다양한 방법을 통해서 누구나 자신만의 공간을 만들 수 있다. 물론 이 중 몇 가지 방법은 비용이 들겠지만, 나머지 방법은 기본적으로 비용이 들지 않는다.

첫 번째로, 웹디자이너를 고용해서 웹사이트를 만드는 방법이다. 디자인 비용은 사이트에 무엇을 포함시킬 것인지, 그리고 웹페이지에 정보와 사진 등을 싣는 데 공간이 얼마만큼 필요한지에 달려 있다. 상업을 목적으로 하는 사이트(예, 쇼핑 공간을 만들고 책 주문을 받고 싶다면)는 50MB 혹은 더 큰 공간이 필요하지만, 개인 홈페이지(간단한 경력 사항, 연락 정보와 약간의 그래픽 자료가 포함되는)는 1~2MB 정도면 충분하다. 물론, 싣기를 원하는 그래픽 자료의 양과 형태에 따라 비용이 추가되기도 한다. 그리고 전자 상거래를 시도할 계획이 있다면 신용카드 결제 능력이 필요할지도 모르겠다. 이 경우 특별한 설비와 추가 비용이 더 들 것이다.

두 번째로, 홈페이지를 만들기 위하여 소프트웨어를 구입하는 방법이다. 소프트웨어 프로그램은 간단한 것부터 복잡한 것에 이르기까지 그 종류가 매우 다양하다. 만약 이 방법을 선택하고 싶다면, 이러한 종류의 소프트웨어를 판매하는 다양한 사람들과 구체적으로 필요한 것에 대하여 대화를 나누는 것이 최선이다. 그들은 어떤 프로그램이 가장 적합하고, 또 어떤 소프트웨어는 피해야 하는지, 고객을 상대한 경험을 바탕으로 조언해 줄 것이다.

세 번째로, 사용하기 쉬운 무료 프로그램을 활용하여 홈페이지를 만드는 방법이다. 예를 들어, 'Netscape.com'에서는 누구나 쉽게 홈페이지를 만들 수 있도록 도와주는 훌륭한 무료 웹 그래픽 서비스 소프트웨어인 'NetStudio'를 제공한다. 추가적인 프로그램인 'Netscape Composer'를 활용해 웹상에 개인 혹은 비즈니스를 목적으로 하는 전문적인 웹 페이지를 구축할 수 있다. AOL(America Online)과 같은 인터넷 서비스 업체 또한 구성원 혹은 가입자에게 무료 홈페이지를 제공하며, 기타 업체들도 무료 혹은 할인된 가격으로 웹 호스팅(web hosting, 서버를 쪼개어 임대해 주는 일-역주)과 웹 구축 서비스를 제공한다. 대부분의 홈페이지 개발 도구는 사용하기가 매우 쉬워서 설치하고 웹사이트를 구축하는 데 단지 몇 시간밖에 필요하지 않다.

나만의 웹사이트를 구축하는 일이 얼마나 용이한지에 대하여 이야기했기 때문에 이제 나도 한 가지 고백할 것이 있다. 이 책을 집필하는 동안 나 역시 웹사이트를 완성시켜 보고 싶은 생각이 들었다. 미술치료사들이 만든 환상적인 웹 페이지를 모두 보고 난 후, 자극을 받게 되었고, 나만의 웹사이트를 만드는 데 관심이 생겼다. 나는 'Netscape.com'에 있는 무료 웹서비스를 통해 사이트를 구축하기 시작했다. 만약 누군가가 오늘 나의 사이트(http://sites.netscape.net/rdwingusa/homepage)를 방문한다면, 나의 홈페이지가 얼마만큼 구축되었는지 볼 수 있을 것이다. 이 사이트에 접속하면 '공사 중'이라는 말과 함께 일본 친구에게 받은 신년 연하장을 볼 수 있다(나는 지금 웹 페이지에 그림을 삽입하는 연습을 하고 있다). 이처럼 나의 의도가 좋기는 하지만, 이 책을 집필하는 동안에는 구축 과정을 마무리하는 데 필요한 몇 시간조차도 내기가 힘든 실정이다.

개인 홈페이지건 비즈니스용 홈페이지건 웹사이트를 구축하는 데 있어 명심해야 할 점이 두 가지 있다. 첫째로, 웹사이트를 어떠한 목적으로 사용할 것인지에 대한 목록을 작성해야 한다. 예컨대, 개인적인 작업을 광고하거나 특정 주제에 대한 워크숍을 소개하는 데 이용하기를 원하는가? 자신이 저술한 책과 같이 판매하고 싶은 것이 있는가? 아니면 자신만의 온라인 미술 작업을 위해서인가? 여러 가지 목적을 갖는 것보다는 특징적인 한 가지 목적을 가지고 사이트를 활용하는 것이 훨씬 더 낫다. 사이트를 방문한 사람들은 그곳에 조성된 것을 감상하며, 제공된 것에 대하여 나름의 반응을 보일 것이다. 둘째로, 아직 인터넷과 웹이 개발 초기 단계에 머물러 있지만, 그것을 사용하는 데 필요한 법과 규제에 충실하게 하는 일이 매우 중요하다는 점이다. 미술치료사들은 자신의 거주 지역의 자격증 관련 법규와 소속된 전문 조직의 윤리강령 그리고 어떻게 광고하고, 서비스와 제품을 소개할 것인지에 영향을 미치는, 지역적인 비즈니스 규제 등 어느 것 하나 소홀히 다루어서는 안 된다. 인터넷과 웹에 관련된 자세한 윤리 및 법적 정보는 이 책의 마지막 장에서 다룰 것이다.

검색엔진을 통해 웹 페이지 검색하기

개인 홈페이지나 비즈니스 사이트나 관계없이 웹 페이지를 생성하고 게시했다면, 웹 페이지에 더 많은 사람들이 방문하기를 원할 것이다. 다행히 웹에 홈페이지를 구축했다면, 머지않아 검색엔진이 그것을 찾아내서 인덱싱(indexing, 웹 페이지에 있는 정보를 빠르게 색인하도록 도와주는 서비스-역주)할 것이다. 즉각적으로 웹 페이지를 검색엔진에 등록하고 싶다면, 대부분의 유명한 검색엔진에는 홈페이지의 URL을 등록할 수 있는 방법이 들어 있다. 가끔은 검색엔진 메인 화면에서 그 방법을 찾을 수 있지만, 어떻게 등록해야 할지 찾기 어려운 경우도 많다. 이러한 등록 과정을 촉진하기 위해서 전문 웹사이트 개발자들은 웹 페이지를 만들 때 최신 버전의 HTML(Hyper Text Markup Language, 홈페이지를 구성하는 컴퓨터 언어-역주)을 사용하도록 권장하고 있다. HTML은 웹 페이지 문서의 표제(head)에 메타 태그(meta tag, 웹 페이지에 관한 정보를 제공하는 특별한 HTML 언어)를 사용하는 데 활용된다. 메타 태그를 활용하면 검색엔진이 사이트를 검색하는 데 필요한 키워드를 제공할 수 있다. 여기서 더욱 중요한 것은, 사이트의 주인도 검색엔진이 사이트 방문객 수가 올라가는 것을 보여 주는 데 활용될 수 있도록 사이트에 대한 설명을 제공할 수 있다는 점이다.

방금 읽은 설명 때문에 유발되는 불안감을 피하기 위해서는 사이트를 만들고, 검색엔진에 설명과 키워드를 제출해 줄 전문가를 고용하는 것도 하나의 해결책이다. 물론 이 방법의 이면에는 이 전문가들이 일의 대가로 높은 비용을 요구할 것이라는 단점이 있다. 그러나 사람들이 사이트를 자주 찾아올 수 있도록 만드는 가장 좋은 방법은 보기 편한 디자인과 정돈이 잘되어 있고 유용한 정보를 제공하는 것이다. 사람들이 사이트를 방문하고, 링크를 걸거나 당신의 웹 페이지에 관한 것을 친구들에게 많이 보낼수록 더 많은 사람들이 사이트를 방문하게 될 것이다. 입소문(그리고 이메일 효과)이 최고다.

마지막으로, 가장 즐겨 찾는 검색엔진을 방문해서 그들의 데이터베이스에 웹 페이지 주소를 제출할 수 있다는 점을 기억하자. 'http://www.submit-it.com'을 방문하면, 다양한 디렉터리(directory, 사용자나 컴퓨터 파일 또는 다른 개체에 대한 정보를 담고 있는 자료의 원본-역주)와 인덱스를 통해서 URL 제출에 관한 도움을 받을 수 있다.

검색엔진 익히기

검색엔진은 예전 도서관에서 볼 수 있었던 카드식 목록 시스템의 요즘 인터넷식 이름이다. 검색엔진과 디렉터리의 역할은 모든 참고 자료를 우리가 검색하고 있는 소재나 주제에 맞게 변화시키도록 돕는 것이다. 검색엔진은 'Robot'이나 'Spider' 'Crawler'로 알려진 소프트웨어 프로그램을 통하여 우리가 웹상에서 문서를 찾을 수 있도록 설계되어 있다. 예를 들어, 'Robot'은 자동으로 웹상에서 한 문서의 하이퍼링크에서 그다음 문서로 이동할 수 있도록 하는 역할을 하는 소프트웨어다. 로봇이 새로운 사이트를 발견하게 되면, 메인 사이트 인덱스에 추가되도록 이 정보를 보내게 된다. 웹 문서는 언제나 변화하기 때문에, 로봇은 이전 목록에 수록된 사이트를 갱신한다. 로봇이 얼마나 신속하고 종합적으로 이러한 작업을 해결하는지는 검색엔진에 따라 다르다.

미술치료 관련 정보를 찾기 위해서 검색엔진을 사용해 보니, 도서관 통합검색에서 찾지 못했던 논문이나 참고문헌을 발견할 수 있었다. 그러나 검색엔진을 통해서 찾을 수 있는 정보는 웹상에서 검색 가능한 정보로 한정된다. 미국미술치료학회의 학술지인 『미술치료(Art Therapy)』나 영국의 학술지인 『본성(Inscapes)』에 게재된 논문들은 웹상의 목록에 개별적으로 수록되어 있지 않기 때문에, 온라인 검색으로 찾을 수 없다. 이러한 참고문헌을 보기 위해서는 'ERIC'이나 'PsycINFO' 등의 특정 사이트를 방문해야 한다.

일반적으로 검색엔진은 자체의 불완전한 시스템을 사용하여 결과를 분류한다. 따라서 검색엔진에서 키워드인 '미술치료'와 관련된 참고문헌을 검색한다면, 미술치료와 관련된 목록뿐만 아니라 '미술' 혹은 '치료'라는 개별적인 단어와 관련된 목록도 보게 될 것이다. 대부분의 검색에서 불필요한 결과가 발생하는 것을 제거하거나 줄여 주는 기능이 있기는 하지만, 적어도 불필요한 것들 몇 개쯤은 볼 각오를 해야 한다. 게다가 각각의 검색엔진이 일치된 결과를 보여 주는 것은 아니기 때문에, 광범위한 검색을 실행하기 위해서는 여러 개 혹은 모든 검색엔진을 사용하는 것이 중요하다. 적어도 세 개 이상의 검색엔진을 사용할 때 더욱더 적절한 결과가 나타나며, 추가적인 사이트나 정보와도 연결될 수 있다.

주요 검색엔진 기본 가이드

알타비스타

알타비스타(AltaVista, www.altavista.com)는 아무리 복잡한 검색도 가능한 한 빠르고 강력하게 실행해 주는 검색엔진이다. 만약 웹 검색을 좀 더 세밀하게 해 보고 싶다면, 알타비스타를 활용해서 검색창에 '병원 미술치료' 나 '빌 게이츠' 와 같이 따옴표 안에 한 단어 이상으로 이루어진 구절을 써넣는 방법도 괜찮을 것이다. '알타비스타' 는 훌륭한 검색-리파인(refine) 기능을 지니고 있다. 다른 검색엔진과 마찬가지로, 알타비스타에는 건강과 뉴스, 여행 같은 인기 주제어를 검색할 수 있는 '존(zone)' 이라고 불리는, 목록과 비슷한 채널 공간이 있어서 검색 범위가 점차 넓어지고 있다.

- 검색 종류: 키워드
- 검색 옵션: 기본검색 혹은 고급검색, 검색-리파인 기능
- 검색 도메인: 웹, 유즈넷(Usenet, 인터넷을 통한 토론 그룹의 통칭)
- 검색-리파인: 'AND' 'NOT' 'OR' 와 같은 논리연산자를 사용

해 특정 단어가 들어 있는 문서를 포함 또는 배제할 수 있는 검색 방식이나 근접 탐지기 'NEAR'를 활용한다. 'backwards' 검색 기능도 들어 있어서 다른 페이지와 링크된 모든 웹사이트를 찾을 수 있다. 원하는 결과를 보기 위해서는 어떤 검색어로, 또 어디에 있는 문서에서 찾을 수 있을지 가늠해 볼 수 있다. 강력한 검색-리파인 도구를 갖추고 있으므로, 가능한 한 상세히 구분할수록 더 좋은 결과를 얻을 수 있다.

- 랭킹 적합성: 웹 페이지의 문서에 얼마나 많은 검색어가 포함되어 있는지, 그리고 다른 검색어와 얼마나 근접한지에 따라 순위가 매겨진다.
- 기타 사항: 다른 엔진보다 좀 더 어렵지만 노력을 들인 것 이상의 가치가 있다. 고급검색 기능이 있어서 각각의 결과 페이지 말미에 더 나은 검색-리파인을 할 수 있는 고급검색 기능이 나와 있다. 또한 검색이 빠른 편이며, 데이터베이스가 가장 폭넓게 갖추어져 있을 뿐만 아니라, 웹과 유즈넷 모두에서 검색이 가능하기 때문에 다른 검색엔진이 찾지 못한 것까지 검색이 가능하다. 이름과 제목을 포함하여 단어와 구절 모두를 이용해 검색할 수 있다. 만일 웹 페이지를 가지고 있다면, 몇 명이 그들의 웹 페이지와 나의 페이지를 링크했는지도 검색이 가능하다. 이 밖에 외국인 사용자를 고려해 정보를 다양한 언어로 번역하는 서비스도 갖추고 있다.

익사이트

익사이트(Excite, www.excite.com)는 개념 기반의 검색엔진이라고 정의될 수 있다. 이는 그저 내가 말하는 것을 정확하게 검색만 하는 대신에 내가 말하는 것의 의미하는 바가 무엇인지 정의하려고 시도한다는 뜻이다. 이러한 특징으로 인해서 익사이트는 상당한 융통성을 갖추고 있다. 검색할 때 가장 관심을 가지는 모든 주제에 관하여 정의를 내리기 위해서 개인 홈페이지뿐만 아니라 방대한 양의 웹디렉터리도 포함한다.

- 검색 종류: 개념, 키워드
- 검색 옵션: 기본검색, 검색-리파인 기능
- 검색 도메인: 웹, 유즈넷, 분류된 광고
- 검색-리파인: 이 엔진을 사용할 때는 키 선택을 여러 번 반복해서 더 많은 단어를 사용할수록 좋다. AND로 연결된 단어가 우선이며, 그다음에 AND와 OR를 검색하는 '퍼지(fuzzy)' AND가 사용된다. 최근에는 검색 리파인을 돕기 위해 AND, OR, AND NOT 그리고 부호 +와 − 같은 논리연산자가 추가되었다.
- 랭킹 적합성: 모든 검색에 신뢰도가 표시된다.
- 기타 사항: 사용법이 간단한 검색엔진으로 광범위한 인덱스가 포함된다. 사이트에 대한 설명 및 그 사용법을 알려 주는 온라인 안내서가 들어 있다. 문서에서 가장 중요한 문장이 검색되기 때문에 사이트에 대한 훌륭한 요약까지 제공된다. 신

뢰 수준별이나 웹사이트별로 구분하는 등 다양한 방법을 통해 검색 결과를 볼 수 있다.

인포시크(Infoseek, www.infoseek.com)

- 검색 종류: 키워드
- 검색 옵션: 고급검색을 제외한 기본검색이 중심이 되지만 매우 강력한 편이다. 여기에 주제별 검색을 위한 방대한 목록 섹션이 추가되었다. 검색어와 검색 결과를 두루 참고할 수 있는데, 검색어는 유사한 목록에 있는 주제 항목에서 검색되며, 검색 결과는 자동적으로 주제어가 첨부되어 되돌아온 것이다. '야후'와 '라이코스' 그리고 '익사이트'와 '인포시크' 역시 웹디렉터리를 제공한다.
- 검색 도메인: 웹, 유즈넷, 유즈넷 FAQs(자신의 글을 포스팅할 알맞은 뉴스 그룹을 찾는 방법에 대한 문서-역주), 논평, 주제
- 검색-리파인: 구절, 대문자 사용, 연산논리자는 제외되지만 AND, NOT과 유사한 +, —를 사용한다.
- 랭킹 적합성: 빈도수 및 이미 데이터베이스에 존재하는 단어들과의 비교를 기반으로 숫자로 나타낸 점수가 제공된다.
- 기타 사항: 검색을 통해서 페이지 내의 30~100개의 단어가 제공된다. 사용하기 쉽고 신뢰성이 높으며 정확한 편이다.

라이코스(Lycos, www.lycos.com)

- 검색 종류: 키워드로, 검색엔진 형태보다는 점점 야후와 같은 웹디렉터리로 변모하고 있다.
- 검색 옵션: 기본검색 혹은 고급검색
- 검색 도메인: 웹, 유즈넷, 뉴스, 주식, 날씨, 멀티미디어
- 검색-리파인: 논리연산자
- 랭킹 적합성: 적절한 순위를 제공하지 못하고 있다.
- 기타 사항: 파일이 훌륭하고 유익하며, 데이터베이스가 크다.

핫 봇

공식적으로는 '잉크토미(Inktomi)'라고 불리는 핫봇(HotBot, www.hotbot.com)은 비교적 빠르고 정확한 검색엔진이다. 시각적인 것에 민감한 미술치료사로서, 나는 특히 이 검색엔진의 구성과 스타일을 좋아한다. 의학 분야의 과학자인 남편도 이 검색엔진을 좋아하는데, 나와는 달리 검색 후 얻어지는 랭킹의 적합성과 검색 결과의 수준이 괜찮기 때문이라고 한다.

- 검색 종류: 키워드
- 검색 옵션: 기본검색, 수정된 검색, 전문검색
- 검색 도메인: 웹
- 검색-리파인: 검색창에 구절, 인명 그리고 논리연산자 등을 활용해 구분하여 검색할 수 있다. 전문검색에서는 날짜와 다

양한 미디어 언어(자바, 자바스크립트, 쇼크웨이브, VRML) 등을 통해 검색이 가능하다.

- 랭킹 적합성 : 적합성에 따라 순위를 매긴다. 제목에 'Methods(어떤 기능을 하는 코드를 묶어 놓은 것)'가 사용된 검색어는 문자만 사용된 검색어보다 순위가 높게 나온다. 빈도수도 계산되는데, 검색어가 매우 긴 문서에 자주 나타나는 것보다 짧은 문서에서 자주 출현하는 경우 더 높은 순위가 매겨진다.
- 기타 사항 : 사용자들의 질문에 답하는 FAQ란이 있다.

야 후

야후(Yahoo, www.yahoo.com)는 원래 검색엔진이 아니라 웹디렉터리로 구분되어 있지만, 웹을 검색하는 중요한 자원이다. 일반적인 것에서부터 특정한 것에 이르는 검색이 가능한, 계층적인 주제 인덱스의 역할을 하도록 설계되어 있다. 검색 기능을 가지고 있지만 주제 인덱스를 통해서만 가능하며, 우리가 원하면 검색 질문을 다른 주요 검색엔진으로 직접 연결해 주는 역할을 한다. 만약 무엇을 검색할지 정확히 알고 있고 보다 큰 주제 범위(미술, 과학, 건강, 비즈니스 등) 내에서 원하는 주제를 찾아낼 만큼 좋은 감각을 지녔다면, 처음 검색을 시작하기에는 '야후'가 좋다. 사이트에는 사업 관련 사이트, 미술치료사, 개인방송 페이지 그리고 다양한 지역 정보가 포함되어 있다.

- 검색 종류 : 키워드

• 검색 옵션: 기본검색, 고급검색

• 검색 도메인: 야후의 인덱스, 유즈넷, 이메일 주소, 야후 검색 제목, URL, 야후 인덱스 웹사이트에 대한 간단한 논평이나 설명

• 검색-리파인: 논리연산자인 AND와 OR, 컴퓨터 지원 소프트웨어에 둔감한 편이다.

• 랭킹 적합성: 검색 결과의 순위가 어떻게 매겨지는지 확실하지 않다. 사이트에서 두 줄 정도의 설명과 검색 결과가 위치한 목록이 제공된다.

• 기타 사항: 사용하기 쉬우며 주제 인덱스를 조정하기도 쉽다. 그러나 웹의 극히 일부분만 목록으로 만들어져 있다.

애스크지브스

애스크지브스(AskJeeves, www.askjeeves.com)를 방문하게 되면, 우리가 알고 싶어 하는 모든 질문에 대해 답해 주는 관리인 '지브스(Jeeves)'의 환영 인사를 받게 된다. 원래 검색엔진이 아니지만 원하는 것을 찾을 수 있도록 다른 검색엔진으로 안내해 주는 유용한 사이트다. 게다가 세련되게 정리되어 있어서 방문했을 때 즐거움을 느낄 수 있다.

• 검색 종류: 자연언어, 예를 들어 병원에서의 미술치료에 대해 알고 싶다면 '지브스'에 '어디서 병원 미술치료에 대한 정보를 찾을 수 있나?' 혹은 '뉴욕 어디에서 미술치료 관련 프로그램을 찾을 수 있나?' 라고 질문하면 된다.

- 검색 옵션: 간단한 질문을 기반으로 한 기본검색
- 검색 도메인: 모든 검색엔진을 검색하여 이루어진, 각 검색엔진에 대한 사이트 목록이 제공된다. 그러고 난 후 방문하고 싶은 사이트를 선택할 수 있다(야후의 인덱스, 유즈넷, 이메일 주소, 야후 검색 제목, URL 그리고 야후 인덱스 웹사이트에 대한 간단한 논평이나 설명).
- 검색-리파인: 검색 결과는 이 사이트에 의해 수정된다.
- 랭킹 적합성: 이러한 종류의 검색에서는 적합성에 의한 순위를 매기지 않는다.
- 기타 사항: 나름의 개성을 지니고 있는 사이트로, 기존의 검색엔진과 다른 독특한 면이 있다.

인터넷상의 모든 것이 변화되기 쉽고, 다른 검색엔진들이 매일매일 인터넷에 출현하고 있어도, 앞서 언급된 검색엔진들은 시간을 두고 오랜 기간 동안 시련을 거쳐 검증된 것들이라고 할 수 있다(추가적인 제안은 '부록 3' 참조).

미술치료 검색을 위한 데이터베이스

일반적으로 학문적인 미술치료 논문이나 연구 자료를 찾는 데는 '인포시크'와 '핫봇'과 같은 검색엔진보다는 특정한 데이터베이스 검색이 더 유용하지만, 그렇다고 전혀 문제가 없는 것은 아니다.

「미술치료 논문 투고: 컴퓨터 데이터베이스에 대한 설문조사(Contributions to Art Therapy Literature: A Computer Database Survey)」(1996)의 공동 저자인 Ziegler와 Hays는 7개의 주요 컴퓨터 데이터베이스 관련 논문에 대한 연구에서, 미술치료사가 아닌 개인이 쓴 문헌이 미술치료사가 쓴 글보다 두 배 정도 많았다고 주장했다. 그들이 설문조사한 데이터베이스는 'CINAHL' 'ERIC' 'HEALTH' 'MedLine' 'PSYCH-LIT' 'SPORT-Discus' 그리고 'Wilson Social Sciences Index' 등이다.

저자들은 1983년부터 1993년까지 미술치료와 관련된 특정한 참고문헌 중에서 자주 검색된 논문들을 표로 만들어서 연구하였다. 또한 각각의 데이터베이스에 나타난 논문의 저자들이 미술치료 교육과정 중인 사람인지, 전문가 회원인지 또는 미술치료 분야에 회원으로 등록한 사람인지 분류해 놓았다.

비록 Ziegler와 Hays는 자신들의 연구방법론에 약간의 문제점이 있다고 지적했지만, 결과적으로 볼 때 컴퓨터 데이터베이스에서 미술치료사가 쓴 논문보다 미술치료사가 아닌 사람들이 쓴 문헌을 더 많이 찾아볼 수 있었다는 점이 중요하다고 강조하였다. 이러한 현상이 일어나게 된 주된 이유로, 그들은 컴퓨터 데이터베이스에 미술치료 학술지가 아직은 많이 포함되지 않았기 때문이라고 지적하였다. 예를 들어, 미국미술치료학회의 학술지인 『미술치료』는 비교적 최근에 'PsycINFO'와 'ERIC'에 등록되었기 때문에, 연구자와 학생들이 컴퓨터를 통해서 이 문헌을 볼 수 있게 된 것은 불과 몇 년 전부터다. 'MedLine'과 'CINAHL'은 아직 '미술치료'를 포함하고 있지 않다. 이것이 보건의료 전문가들이 이 학술지에 실린 참고문헌에 접근하는 데 어려움을 겪는 이유다. 불행하게도 전문가들이 직접 지역의 대학교나 전문대학교 도서관에서 미술치료 학술지를 검색하지 않는 한, 아직까지는 전문가들이 쓴 미술치료 문헌이 광범위하게 활용되기는 어려운 실정이다.

미술치료 참고문헌을 적어도 한 개라도 찾을 수 있는 방법 중의 하나는 미술치료사들이 관련 정보를 찾고자 하는 연구자들을 돕기 위하여 만든 온라인 사이트를 검색하는 일이다. 한 예로, 캐나다 미술치료 웹사이트 'http://home.ican.net/~phansen'이 있다. 이 사이트를 통하면 아동, 그룹, 의학 미술치료와 같은 특정 주제 목록과 미술치료 연구자가 어디로 가면 관련 논문과 책, 연구 진전 상황 등을 구할 수 있는지에 관한 정보를 얻을 수 있다. 사진치료사인 Judy Weiser(http://www.phototherapy-centre.com)는 오랜 기간 동안 자리매김해 온 온라인의 강자로, 연구자들에게 다른 곳에서는 찾기 힘든 사진치료 문헌에 관한 광범위한 목록을 제공한다.

미국미술치료학회의 학술지인 『미술치료』에서 논문에 대한 인덱스를 찾고 싶은 사람들은 이제 미국미술치료학회 웹사이트(http://www.arttherapy.org)로 가서 1983년부터 현재에 이르기까지 누적되어 온 학술지의 인덱스를 출력할 수 있다. 이것은 적어도 온라인에 미술치료 정보를 전파하는 작은 시작점으로, 아직까지 온라인 데이터베이스의 다양성은 부족한 편이다. 아마도 미래에 누군가가 기존의 미술치료 관련 정기간행물과 주제 발표 요약문 그리고 관련 저서와 같은 광범위한 데이터베이스를 생성하는 계획을 실천에 옮길 것이라고 믿는다. 또한 그러한 데이터베이스는 개인이 가정용 컴퓨터를 활용해 이용할 수도 있을 것이다. 주제, 제목과 저자 그리고 키워드 형식의 주석이 쌓여 상호 참조(다른 쪽의 내용을 항상 참조할 수 있도록 그 위치를 표시해 주는 기능-역주)가 가능한 데이터베이스가 만들어지면, 누구나 이러한 정보에 접근할 수 있고, 웹상에서 미술치료의 위상을 더욱 높일 수 있을 것이다.

제5장

사이버 미술치료

휴대용 비디오 기술을 이용할 수 있게 된 1970년대 초반, 나는 몸담고 있던 주립병원에서 미술치료 프로그램을 주관하면서 비디오 기술을 자주 활용할 수 있었다. 내가 이처럼 비디오라는 새로운 매체를 경험할 당시, 미술치료계에서는 미술치료 기법을 드로잉과 페인팅 그리고 점토 만들기 등으로 국한해야 한다는 보수적인 주장이 팽배해 있었다. 그러나 어떻게 하면 미술치료 작업의 범주를 시각예술이라는 더 큰 맥락에 맞출 수 있는지에 호기심을 느끼고 있었기 때문에, 우리는 자연스럽게 비디오와 사진, 연극 등을 미술치료 회기에 접목시켰다(McNiff & Cook, 1975). 미술치료 매체는 오로지 그 가능성에 대한 비전을 얼마나 추구할 것인가의 정도에 따라 한계 지어지는 것 같았다.

비록 사진치료의 활용을 강력히 지지했으나, 그렇다고 그것을 치료적인 작업과 분리해서 생각하는 것은 아니다. 그리고 미술치료에서 이루어진 최근의 발전이 사진 매체의 성장을 지원했다고 본다(Fryrear & Corbit, 1992). 다양한 시각 매체 중 비디오와 사진이 미술치료에 사용될 수 있다. 사진치료와 비디오 치료 작업이 창의적인 작업 과정과 이미지를 인식하는 과정에 초점을 맞추지 않는다면, 그것은 미술치료라고 말할 수 없다.

나는 항상 미술치료를 다양한 매체를 활용한 통합적인 접근으로 인식해 왔다. 물론 1975년에 내가 쓴 논문에서 '비디오 미술치료'라는 말을 언급했지만, 이는 미술치료에서 비디오의 활용에 관한 묘사일 뿐, 새로운 전문 분야를 만들려고 한 것은 아니었다. Fryrear와 Corbit(1992) 역시 사진기술을 미술치료에 통합시키려는 노력의 결과를 보여 주었다. 나는 새로운 매체들이, 미술이 지닌 치유력의 관점에서 볼 때 공유할 수 있는 핵심 요소와 목표에 부합되는 점이 있다면, 단지 차이점이 있다고 배제하기보다는 미술치료 매체의 확장을 위하여 도입하기를 바라는 편이다.

컴퓨터 테크놀로지의 출현은 시각예술 분야의 새롭고 중요한 확장을 야기했다. 그동안 디지털 혁명은 상업적인 그래픽디자인 영역이 주도했지만, 이제는 자발적인 예술가들이 이 새로운 매체들을 폭넓게 사용하기 시작했다. 미술치료의 경우 물적 자원은 제한되어 있고, 매체에 대해서는 일반적으로 보수적이기 때문에 디지털 시대가 제공하는 기회를 아직 인식하지 못하고 있는 실정이다.

미술치료는 주로 이야기를 기반으로 하는 심리학적 이론의 맥락 안에서 미술 작품을 설명하고 다루기 때문에, 다른 매체가 우리의 몸이나 정서에 미치는 효과에 대해서는 별로 관심을 갖지 않았다. 모든 미술치료 훈련 프로그램이나 미술치료사 대부분이 여전히 크레파스나 종이와 같은, 흔하고 저렴한 간단한 매체를 주로 사용하고 있다. 나는 미술 작업을 기본 방식에만 묶어 두는, 제한된 재료와 '열악한' 미술치료 환경으로 인하여 그곳에서 이루어지는 치료적인 경험을 최소화하고 싶지 않다. 어떤 경우에는 상자를 재활용하거나 부러진 오일 파스텔로 남은 종이의 빈구석을 채우는 것이 표현을 위해서 선택할 수 있는 재료의 전부일 때도 있다. 미술치료에 대한 경험의 질은 결코 매체의 특성에 의해서만 결정되는 것이 아니다.

만일 우리가 그림을 그린다고 했을 때 그 의미에 대해서 미술치료는 전적으로 이야기를 기반으로 하면서 심리학적 패러다임 안에서 설명한다. 예를 들어, 이야기의 흐름이나 그 경험이 역사적으로 어떻게 진행되어 왔는지, 그리고 과거에 어떤 상처가 있었는지 등을 설명하는 선형적인 인과관계 및 발달 과정을 통해서 그 의미를 설명하는 것이다.

나는 인간의 경험을 이해하는 데 있어 서사적 · 역사적 · 선형적 분석과 인과관계의 역할을 충분히 인정하지만, 미술치료 경험을 이러한 개념만으로 요약하는 것은 무리라는 사실을 인식하게 되었다. 따라서 어떻게 하면 심리학적 서사의 기본 틀을 벗어나 예외적인 과정을 보이는 환자임에도 불구하고, 이들을 가장 성공적인 결과 안에 포함시킬 수 있을지 부단히 고민해 왔다.

변형과 치유의 에너지를 가져오는 창조적인 상상과 미술 작업 과정은 너무도 비선형적이며 그때그때마다 달라서, 때로는 '설명'이 불가능하기도 하다. 나는 이러한 결과와 변화를 몸소 느끼고 경험해 왔다. 상상과 미술 작업 과정은 심리적인 개념에 가까운 것이 아니고, 전형적으로 자연과 몸의 역동적인 움직임에 가까운 미술치료제(art medicine)다. 그러므로 주로 매체가 무슨 역할을 하는지, 각각의 매체가 우리에게 미치는 영향이 어떻게 다른지, 어떤 특성을 전달하는지, 공간이나 사람들의 에너지 흐름에 어떻게 영향을 미치는지, 새로운 매체와 기존 매체 사이의 상호작용이 어떻게 미술치료 작업을 발전시키는지에 관하여 연구하고 있다.

디지털 미디어와 표현의 순환

전통적인 시각미술 매체로 만들어진 이미지를 컴퓨터로 스캔한다는 점이 디지털 미술의 중요한 일면일 수 있겠지만, 나는 물감을 전혀 사용하지 않고 픽셀로 그림을 그리는 순수한 디지털 이미지를 만드는 데 더 관심이 있었다(Evans, 1999, 비공식적 견해). 1980년대 초반 원조 매킨토시 컴퓨터에 내장된 초창기 흑백 '맥 페인트(MacPaint)' 프로그램을 잠시 사용해 본 경험이 있는데, 그때 나는 컴퓨터가 사람이 그림을 그릴 때 나타나는 표현적인 특징을 묘사하는 데는 한계가 있다는 결론을 내렸다. 이미지 전체가 한눈에 보아도 컴퓨터로 그린 티가 났던 것이다. 그런데 몇 년 전, '포토샵(Photoshop)'을 사용해 보고 컴퓨터 미술 프로그램이 얼마나 발전했는지 실감하게 되었다.

그래픽 소프트웨어에 익숙하지 않은 사람들도 포토샵을 통해 붓과 색 그리고 다른 새로운 이미지 등의 다양한 페인팅 도구들의 기능을 체험할 수 있다. 포토샵은 이러한 페인팅 도구뿐만 아니라 사진을 조작하고 변형시킬 수 있는 기능도 지니고 있다. 페인팅 소프트웨어보다는 사진을 조작하고 변형시키는 포토샵의 기능이 더 폭넓게 활용되고 있다. 이러한 특성이 기본적으로 프로그램의 이름과 결합되면서 포토샵의 페인팅 기능에 대한 대중적인 인식을 다소 감소시켰다.

상업미술 분야에서는 흔히 페인팅과 사진 이미지 조작 기능을 결합해 사용해 왔다. 전문가들은 포토샵을 활용해서 사진 자체나 그 주변에 직접 색을 칠하거나 글자를 덧붙이고, 나아가 콜라주 작업을 무한정할 수 있다. 특히, 디지털카메라를 사용하게 되면서 이미지를 포토샵에서 즉각적으로 불러서 작업하는 것도 가능해졌다. 기존의 사진 이미지를 컴퓨터로 스캔한 뒤에 조작하는 일도 가능해진 것이다.

포토샵의 '자르기(cut)'와 '붙이기(paste)' 도구 덕택에 그래픽디자인 산업은 지난 10년 동안 엄청난 변화를 겪었다. 그래픽디자인과 관련된 모든 것을 자유롭고 빠르며 저렴한 비용으로 만들도록 도와주는 포토샵이 힘들고 노동 집약적인 이미지 제작 과정을 대체하게 된 것이다. 게다가 이러한 장점과 더불어 컴퓨터의 메모리와 포토샵 도구를 활용하면 기존의 실수를 교정하는 일도 가능하다. 포토샵을 배우기에 가장 좋은 리소스로는 윈도우와 매킨토시 사용자를 위한 'Photoshop 5' 프로그램이 있다(Weinmann & Lourekas, 1998).

내가 포토샵을 중요한 페인팅 프로그램이라고 설명하는 이유는 무엇보다 이미지 생성을 보다 쉽게 만들어 주는 포토샵 기능 때문이다. 책상 위의 작은 공간(컴퓨터)을 내주고, 엄청나게 다양한 페인팅 도구를 이용해 이미지를 즉각적이고 지속적으로 사용할 수 있게 된 것이다. 이처럼 사이버 미술치료실에서 이루어지는 디지털 미술 작업은 나의 개인 미술치료실에서 이루어지는 것들을 보완해 주었다.

그렇다고 이 사이버 미술치료실이 나의 미술치료실에서 전통적인 미술 매체를 가지고 그룹 단위로 그림을 그리거나, 뭔가를 만들던 작업을 절대로 대체할 수는 없었다. 전통적인 매체가 지닌 감각적인 호소력은 영구적이기 때문이다. 물론 사이버 미술치료실이 대안적인 미술치료 방식의 하나이지만, 그렇다고 미래에 실제 미

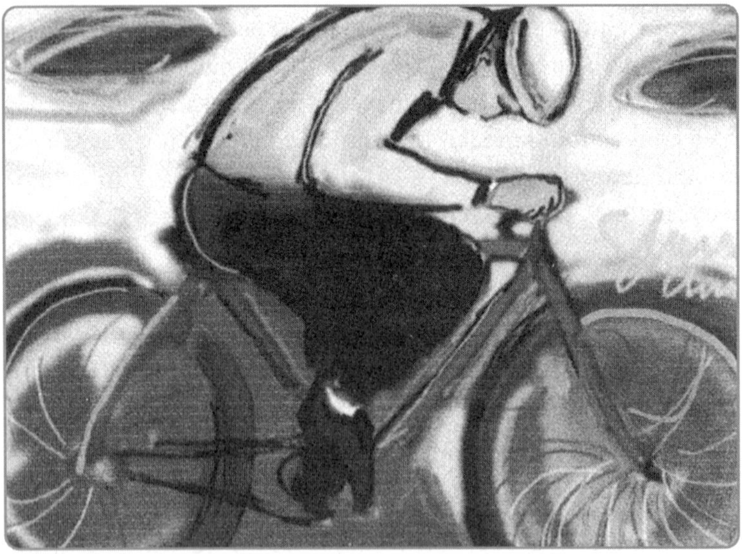

[그림 5-1] '자전거 1' : Shaun McNiff의 디지털 페인팅

술치료실이 쇠퇴하고 오직 사이버 미술치료실에서만 그룹 작업이 이루어질 것이라고 예상하는 것은 아니다. 개인 미술 작업과 이미지 투사 도구로서 컴퓨터를 여러 대 구비한 미술치료실은 미래의 미술치료 작업을 촉진하는 또 다른 환경이 될 수 있다. 다양한 미술 작업 환경에서 미술치료 작업을 하다 보면, 결국 이 분야가 미술을 기반으로 하는 의학이라는 것을 깨닫게 될 것이다.

발전 가능성이 있는 디지털 매체를 미술치료에 활용하자고 제안하기 전에, 지난 3년간 이 매체를 사용해 본 나의 경험을 간략히 설명하도록 하겠다. 연구에 의하면, 디지털 방식의 성질이나 그 표현적 특성은 전통적인 매체의 그것과 매우 다른 것으로 나타났다. 다양한 각도에서 연구가 이루어져야겠지만, 디지털 기술은 새로운

[그림 5-2] '자전거 타는 사람' : Shaun McNiff의 디지털 페인팅

에너지 배열과 표현을 가져올 뿐만 아니라, 미술 작업이나 그것을 표현하는 방식 그리고 그것을 타인과 나누는 방식에서 모든 것이 새롭다.

항상 서로 다른 작업 현장을 옮겨 다니는 미술치료사로서, 작업실에서 그림 그리는 시간을 지속적으로 내기란 매우 어려운 일이다. 수년에 걸쳐 나는 작업 현장에서 미술 작업을 하는 다양한 방법을 연구해 왔다. 예를 들면, 회의 중에 그림 그리기, 점심시간이나 일하는 센터가 문을 닫는 쉬는 시간에 미술 작업하기 등이 그것이다. 이렇게 특정한 삶의 구조에서 비롯되는 도전과 한계는 오히려 내게 요소들의 병치나 연금술적인 변형을 필요로 하는 동시에 미술 작업에 필요한 창조적인 표현을 활성화하는 데 필수 요소가 되었다. 표현을 통해 드러나고 사용되는 모든 것들을 부단히 재구조화하려는 경향이 삶에 모두 적용될 수 있다는 미술치료의 비전이 되었다.

시간은 너무나 중요한 자원이다. 나는 시간의 한계와 제한을 즉흥적이고 동적이며 재빠른 표현을 하도록 하는 데 활용했다. 나는 스위스나 다른 곳 어디서든지 일주일 단위로 워크숍에서 돌아올 때면, 밤에 스튜디오에서 그림을 그리거나 낮에 쉬는 동안 작업했던, 7～15점 정도의 그림을 가지고 돌아왔다. 나는 스스로를 '유랑자 스튜디오'에서 일하는 사람이라고 묘사하곤 한다. 작업 환경이 계속적으로 변화하는 것도 그 이유 중 하나다. 하지만 그룹의 구성원들이 만들어 내는 에너지와 그들의 미적인 표현은 놀랍게도 나의 표현력에 긍정적인 자극을 주었다.

우리 집에 있는 작업실은 공간도 꽤 넓고 시설도 우수한 편이지만, 다른 미술치료사들과 마찬가지로 나 또한 그곳에서 정기적으로 작업하지 못했다. 또한 내가 수년 동안 작업했던 작품들이 아직 스튜디오에 남아 있다. 미술관과 대학교 갤러리에서 전시회를 하기는 했지만 상업적인 전시 공간을 이용해 본 적은 이제껏 없다. 작품을 전시한 후에는 친구와 가족들에게 그림을 나누어 주거나 부피가 큰 것들은 다시 집으로 가져와 주로 창고 역할을 하고 있는 작업실에 넣어 둘 수밖에 없었다. 그래서 창고는 창작의 공간인 동시에 이미지의 무덤이기도 했다.

미술치료실에서 내가 다른 사람들과 함께 작업할 때면, 언제나 그곳에는 작품을 감상하는 관객들이 있으며, 표현을 수용하고 그것에 반응하는 목격자들이 있기 마련이다. 미술 작품이 세상 안에서 만들어지면, 타인의 인식을 통해서 순환되어 돌아온다. 미술치료는 이러한 미술적 에너지가 교류될 수 있는 신뢰할 만한 장(場)을 제공하며, 미술치료를 한다는 것은 지속적으로 창조의 공동체와 관련된 잠재적인 감각을 확장해 나가는 일이기도 하다. 나는 미술치료를 통해서 미술에 대한 시야를 확실히 넓힐 수 있었다.

내가 생각하는 미적인 가치는 사람들과 공간 사이에 흐르는 미술적인 과정과 에너지의 흐름을 기반으로 한다. 따라서 나는 개인적인 미술 작업 환경보다는 다른 이들과 함께한 미술치료 작업이나 협동 작품을 통해서 이러한 창조의 감각을 충분히 느낄 수 있었다. 작업실에서 혼자 하는 미술 작업은 외로움과 고립감이 심하게 느껴졌다. 비록 젊은 시절 화가로서 갤러리나 미술관에서 전시회를 할 때는 열정적으로 작업했지만, 점차 작품 발표 시스템에 대하여 흥미를 잃게 되었다. 나는 다른 사람들과 작업실에서 미술치료를 경험하는 일이 훨씬 더 만족스럽다고 느꼈다. 가능하면 최고의 작품을 만들었으면 하는 바람이 있었지만, 우리의 창작 과정에서는 미술이 지닌 치유와 변형의 기능과 관련된 더 큰 비전을 추구해야만 했다. '미술계'의 시스템은 제한적이며, 때로는 상상력이 부족해도 상품으로서의 창작 개념에 의해 움직인다. 반면 내가 지닌 미술에 대한 시각은 다면적이며, 삶의 모든 면들과 연결되는 것을 언제든지 환영한다.

1970년대 초 · 중반에 미술과 관련된 아이디어를 탐색하고, 미술치료에서 우리가 하는 일들이 사회에 중요한 자극제가 된다고 보았던 개념미술 예술가인 한 동료와 공동 작업을 한 적이 있다. 많은 프로젝트를 나와 함께한 파트너이자 화가이며 미술관 총감독인 미술치료사 Christopher Cook은 우리가 4년간 미술관에서 연구했던 미술치료 프로젝트를 아우르는 개념에 관하여 다음과 같이 설명하였다.

> 나는 미술이 유용하다는 생각을 지지하는 사람이다. 그러나 유용하다는 표현이 질을 떨어뜨리는 것을 의미하지는 않는다. 미술이란 단지 재미와 흥미만을 위한 것이 되어서는 안 되며, 정신적으로 장애가 있든 정상이든 간에 사람들이 보다 나은 삶을 살 수 있도록 근본적인 통합 능력을 지녀야 한다. 물론 나도 미술관을 아름다운 공간이 되도록 하는 것에 관심이 있다. 그러나 미술이 삶의 중심에 흘러 들어갈 수 있도록 도움을 주는 일이야말로 미술관이 존재하는 최

고의 의미가 될 것이다.

지난 20년 동안 나는 다양한 책과 수필들을 써 왔다. 글쓰기를 통해서 나는 예술적인 표현이 전 세계의 창조적인 에너지가 순환되는 것에 기여한다는 사실을 깨달았다. 나는 책을 편집할 때, 그 과정에서 내가 만들어 내는 드로잉과 페인팅 작품을 포함하는 방법을 활용했다(McNiff, 1989, 1992). 물론 책 작업은 나의 삶의 여러 가지 면들과 개인적인 미술 작업을 더욱 충분히 통합할 수 있도록 도움을 줬지만, 흑백의 작은 삽화들은 그림의 표현력이나 그림에 담긴 색감을 충분히 표현해 주지 못했다.

컴퓨터로 작업하는 데 시간을 많이 할애하다 보니, 자연스레 컴퓨터 사용에 익숙해지게 되면서 결정적으로 디지털 페인팅 과정을 미술치료에 직접 채택하게 되었다. 무엇보다도 포토샵에는 고감도 이미지 생성 기능이 있어서 예전에 비해 표현 스타일이 한층 좋아졌다. 또한 이미지를 웹 페이지에 올리는 방법이나 어느 곳에 있는 사람과도 직접적으로 이미지를 공유하는 방법도 점차 터득하게 되었다.

새로운 기술을 통해서 나는 세상에 존재하는 변형적인 에너지와 이미지의 순환으로서 창조적인 표현을 미술이나 미술치료를 통해 어떻게 이끌어 낼 것인지에 대한 아이디어를 보다 충분히 지각할 수 있었다. 이미지에 의해 전달되는 표현이나 그 표현이 나를 비롯한 타인에게 미치는 영향력은 매체의 특별한 감각적인 특징에 달려 있다. 이 컴퓨터 테크놀로지의 경우 그 마법이 픽셀(Pixel) 안에

숨어 있다.

내가 포토샵을 이용해 그림을 그리는 실험을 하면 할수록, 컴퓨터와 나의 관계를 안정되게 만드는 다양한 실질적인 특성이 많이 드러났다. 시간이야말로 내가 이 매체를 사용하는 이유를 설명해 주는 가장 중요한 요소라고 할 수 있다. 미술 작업을 준비하고 정리하는 데 전혀 시간을 들이지 않고도 폭넓게 색을 활용해 미술 작품을 만들 수 있다.

한편, 대학교 안에 자리한 나의 사무실을 미술치료실로 개조하는 방안도 생각해 보았으나 공간의 특성상 동선이나 습관을 살펴볼 때 작업보다는 오히려 책을 읽고 전화나 컴퓨터를 사용하거나 사람들과 대화를 하기에 더 적합한 공간이라는 생각이 든다. 메리우드 대학교(Marywood University)의 Bruce Moon은 연구실을 작업 공간으로 만드는 데 성공했지만, 나는 대학이라는 공간에서는 좀 더 학자인 체하고 싶었다고 고백해야겠다.

컴퓨터를 통해서 나는 이러한 세상과 나의 관심 분야를 연결시킬 수 있었다. 대학의 학장으로 일하면서도 그림을 그리고 이미지에 푹 빠져 있다가도 재빨리 다른 작업으로 전환하는 것이 가능해졌다. 컴퓨터 안에 모든 작품의 포트폴리오를 담아 둘 수 있었으며, 마우스를 클릭하는 것만으로도 나의 사무실이나 웹 페이지를 방문한 사람들에게 바로 이미지를 보여 줄 수 있게 되었다.

내가 디지털 매체를 선택하게 된 가장 근본적인 이유 중 하나는 내가 일하고 있는 환경의 강력한 영향력이라고 할 수 있다. 우리 대학교의 미술학부는 디지털 표현의 중심지라고 할 수 있으며, 동료인 Bob Evans는 화가이자 '시각 커뮤니케이션' 과목을 가르치는 교수로서 다양한 실험을 통해 나의 멘토가 되어 준 사람이다. 내가 처음 포토샵을 알게 된 것은 미술학부에서 포토샵의 기능이 무엇인지에 대한 짧은 설명회를 통해서였다. 디지털 그림을 그릴 때 기존의 재료를 사용할 때와 마찬가지로 모든 페인팅 기법을 활용할 수 있다는 점을 알게 되었다. 또한 표현적인 도구로 마우스를 활용하면, 보다 자유롭고 즉흥적인 표현을 더 많이 할 수 있었다.

수년간 컴퓨터를 사용하면서 몸에 밴 움직임이라고 할 수 있는 마우스 조작법 덕분에 나는 작업실에서 정기적으로 드로잉과 페인팅 작업을 할 수 있는 대안적인 방법을 찾아냈다. 화가 Matisse가 발견했듯이, 미술에서 표현이란 서로 다른 도구나 움직임을 탐색해 감에 따라 재창조된다. 우리는 변화하는 매체의 물리적인 특성과 도전을 경험하기 위하여 다양한 매체를 사용하게 되는데, 이러한 경험을 통해서 자신 안에서 새로운 표현력을 끄집어내게 된다.

Evans는 포토샵이 미술 작업을 위한 여러 가지 대안과 함께 사용되는 '또 다른 매체'라고 주장한다. 나의 경우만 하더라도 다른 매체를 가지고 페인팅 기술을 발전시키지 않고서는 컴퓨터 작업으로 얻어지는 것과 같은 이미지를 만들 수 없다. 그러므로 디지털로 페인팅을 시작한 다음에 다른 매체를 활용해서 표현 기술이나 스타일을 변형시켜 볼 수 있을 것이다. 포토샵이 지닌 표현 전달력이 전통적인 페인팅 과정과 얼마나 닮았던지, 그 유사성에 무척 놀랐다.

Evans는 최고의 디지털 미술이란 '사람들이 사용한 매체가 무엇인지 말하는 것이 불가능한 상태'라고 말했다. 즉, 그림이 컴퓨터로 작업한 것인지, 아니면 종이나 캔버스에 그려서 스캔한 것인지 설명할 수 없다는 뜻이다. 그는 사람들에게 사람이 아닌 '컴퓨터가 그림을 그리는' 프로그램은 피하라고 조언한다. 그가 말하는 '최악의 작품'은 '컴퓨터 미술처럼 보이는 것'이다. Evans는 만일 사람들이 이미 그림을 그릴 수 있거나 재료를 가지고 작업을 해 봤다면, 10분간만 디지털 도구를 사용해 봐도 자신을 어떻게 표현해야 할지 배운다고 믿고 있다.

포토샵은 프로그램의 잔재주를 전달하는 것이 아니라 미술 작업을 하는 사람들의 표현력을 담아내는 진정한 미술 매체다. Evans는 포토샵을 할 때 생기는 '매체에 대한 저항'과 대조적으로 '메타크리에이션(Meta Creation)'이라는 페인팅 프로그램이 어떻게 해서 '자동 효과'를 주는지 설명하고 있다. 그는 "너무 쉽게 그림을 그릴 수 있다면, 사람들은 프로그램 자체만 표현하고 자신에 대해서는 표현하지 않는다."라고 말했다. 강사는 학생들과 화가 수백 명에게 디지털 미술 작업에 대해 소개하는 과정에서, 사람들이 어떻게 해서 기계에 주도권을 넘겨주게 되는지에 대해 설명했다. 그들은 기계가 주도하도록 내버려 둔 것이다. 그들은 포토샵 작업을 통해서도 사람의 표현력을 담아낼 수 있다는 가정을 신뢰할 수 없어서 장난감 도구처럼, 컴퓨터가 붓 역할을 하도록 그냥 내버려 둔 것이다.

나는 작업실에서 물리적인 재료로 미술 작업을 하는 용기를 냄으로써, 디지털 작업의 경험이 많아지면서 컴퓨터로만 작업할 때 일어날 수 있는 문제점을 보완할 수 있었다. 이처럼 서로 다른 매체들이 상호 보완적일 수 있다. 이러한 관점에서 볼 때 컴퓨터가 수작업으로 하는 그래픽디자인은 밀어냈지만, 이와 달리 전통적인 페인팅을 소멸시키지는 못할 것이다(Evans, 1999, 비공식적 견해).

미술치료의 응용

미술치료의 실제라는 맥락에서 볼 때, 디지털 미술 작업은 내담자와 치료사가 모니터 앞에 편히 앉아서 그 가능성을 시험해 볼 수 있는 대면 상담용으로 가장 쉽게 도입할 만한 프로그램이다. 컴퓨터는 사고력과 기억력 그리고 상호작용할 수 있는 힘을 지니고 있기 때문에, 환자와 치료사 그리고 이미지 간의 삼각관계가 새로운 국면으로 전환될 수도 있다.

모니터에서 볼 수 있는 수직적인 이미지와 마우스를 만지거나 움직일 때 느껴지는 촉감과 운동감각은 환자, 치료사 그리고 이미지 간에 벌어지는 활기 있고, 창조적인 삼각관계의 역동성을 상징한다. 이렇게 삼자 간에 발생하는 상호작용은 마우스와 이미지 사이에 만들어지는 공간적인 분리로 인하여 새로운 국면을 맞게 된다. 치료사와 내담자는 화면상의 그림에 양쪽 모두 공평하게 접근하고 탐색하는 것이 가능하지만, 세 참여자의 인식 차이는 크게 나타날 수 있다.

평평한 곳이나 화판에 재료를 놓고 이미지를 만드는 사람의 경우, 물리적으로 이미지와 너무 가깝기 때문에 종종 치료사가 창작 과정을 지켜보는 시야를 가릴 수 있다. 반면, 디지털 이미지의 경우 이미지를 만드는 사람이 그림과 떨어져서 마우스의 움직임을 통해서 작업하기 때문에, 독립적인 상태에서 홀로 있는 것이 가능하다. 수백 시간 동안 디지털 이미지를 만들고 본 다음부터, 나는 이미지의 지각적인 특성에 의해서 지속적으로 자극을 받게 되었다. 표현이란 이미지의 물리적 특성에 의해 전달된다고 한 Rudolf Arnheim(1954)이 주장한 바대로, 디지털 매체가 미술치료 관계에 어떤 영향을 미치고 어떤 환영(幻影)을 낳는지에 대한 연구를 해 볼 수 있다.

디지털 이미지가 활력을 지니게 된 것은 높은 품질의 색과 누구나 마우스를 이용해 자유롭고 자연스럽게 움직일 수 있게 된 덕분이다. 마우스를 이용한 페인팅을 하게 되면 물리적으로 페인팅과 드로잉 작업을 할 때 수반되는 강하고 약한 필압의 요소는 제거된다. 이처럼 디지털 영역에는 냄새나 촉감 그리고 질감과 같은 역동적인 특성이 완전히 휘발되지만, 이러한 특징은 간단한 편집 도구를 활용하면 섬세함부터 강렬함에 이르는 다양한 범주의 표현을 활용할 수 있는 능력으로 대체된다. 따라서 누구나 디지털 매체를 이용해 추상주의나 표현주의 화가들이 즐겨 사용했던 대담한 붓질로 그림을 그리거나, 인상파 화가들의 세밀한 붓질과 덧칠 기법을 활용해 그림을 그릴 수 있게 되었다.

'그림판(drawing pad)'은 마우스를 이용해 선을 그리는 것의 대안적이고 추가적인 기능으로 사용될 수 있다. 이 연필처럼 생긴 도구는 모니터 안의 이미지에 맞추어 그 위에서 움직인다. 그림판은 마우스를 보조할 수 있는 훌륭한 도구로, 그리는 사람은 이를 이용해 매번 다른 품질의 드로잉 형태를 만들 수 있다. 어떤 사람들은 그림판이 전통적인 방식으로 스케치할 때와 비슷하다는 이유로 이것을 더 편안하게 생각한다. 그러나 나는 마우스를 가지고 작업하는 그림의 표현적인 특성이 더 만족스럽다. 왜냐하면, 마우스 덕분에 나의 움직임이 너무 복잡하고 까다롭지 않도록 조절할 수 있기 때문이다. 마우스를 활용하게 되면 그림의 표현적인 역동성을 방해하는, 과도한 묘사 성향을 억제시켜서 충분히 통제되고 민첩한 선을 그릴 수 있다.

곡선(curve)이나 단계(level) 같은 다양한 도구들을 활용하면 원본을 손상시키지 않고도 이미지의 채도, 색상, 질감 등을 바꿀 수 있다. 뿐만 아니라 복사(copy) 기능을 활용하면 다양한 형태의 이미지 복사본이 만들어지는데, 이때 만들어지는 개성적인 변화는 치료 과정에서 새롭고 강력한 물리적인 자원이 된다. 이는 디지털 이미지 작업이기 때문에 이미지가 만들어지는 다양한 단계를 즉각적으로 재검토할 수 있다. 포토샵의 가장 최신판에는 자동으로 표현 순서를 정렬해 주는 히스토리(history) 기능도 들어 있다.

미술 작업 시 느끼게 되는 직접적인 감각이나 활기라는 측면을 비롯하여 이미지와 우리 삶 사이의 유사성을 만들어 내는 능력을 지녔다는 점에서, 포토샵의 기능과 장치는 확실히 미술치료의 물리적인 자원을 증대시킨다. 만일 누군가가 삶의 급격한 변화를 겪거나 불운한 삶에서 긍정적인 삶으로 전환하려고 한다면, 디지털 매체를 통해 모니터상에서 대안적인 삶을 경험할 수 있다. 이를테면, 활력적인 상상을 하는 사람들이라면 스크린상에서 이미지를 분리시키고 이러한 요소에 집중하는 방법으로 그림의 세세한 부분을 분리하거나 확대해 볼 수 있으며, 그러다가도 아무런 무리 없이 다시 전체 이미지로 돌아올 수도 있다. 이처럼 치료사와 내담자 누구든지 간에 즉각적으로 이미지의 부분을 별개의 프레임으로 분리할 수 있다.

누구나 스크린상에서 그림을 그린 과정의 역사를 여러 단계의 창을 통해 볼 수 있으며, 마우스를 클릭하면 그 과정이 실제 크기로도 나타난다. 또한 원한다면 간단한 컬러 잉크젯프린터를 활용해 미술 작품의 복사본을 얻을 수 있다. 고가의 인쇄 기술이 점차 보편화되면서 고성능 프린터를 이용해 여러 종류의 종이나 캔버스에 인쇄하는 작업도 가능해졌다.

디지털 미술 작업의 가장 큰 장점 중 하나는 신체적인 장애를 지닌 내담자에게 적용될 수 있다는 점이다. 손가락 하나로 패드를 터치하는 것만으로도 뚜렷하고 다양한 형태를 만들어 낼 수 있는 것이다. '터치패드(touch pad)'의 기능이 더욱더 향상되면서 확실히 살짝만 터치해도 잘되는 것 같다. 손가락으로 드로잉과 페인팅을 하는 터치 방식 덕분에 전통적인 매체를 사용하여 작업할 때와 비교했을 때 더욱더 정교하고 시각적으로도 더 다양한 표현이 가능해졌다.

특별한 요구가 있는 사람들과 컴퓨터 사용법에 대해 보다 자세한 정보를 원한다면 웹사이트 '특별기술적용센터(Center for Applied Special Technology: CAST, http://www.cast.org)'를 방문해 보기 바란다. CAST에는 도구를 이용한 다양한 표현 방법에 대한 대안이

나와 있으며, 기술을 활용함으로써 장애인을 포함한 모든 사람들에게 더 많은 기회를 줄 수 있는 방법이 나와 있다.

요컨대, 디지털 미술의 이미지 생성 작업을 활용해 새로운 요소를 이미지 안에 덧붙이는 작업 덕분에 미술치료 영역에서 우리가 할 수 있는 일들이 더 많아졌다. 그러나 미술치료 영역에는 디지털 매체가 할 수 없는 것들이 있다. 어떤 한 매체에 대한 무조건적인 지지나 생각은 이미지의 무한한 가능성을 오히려 제한할 수도 있다. 또한 미술치료실의 '맛'도 느낄 수 없는데다 물리적으로 다른 매체를 다룰 수도 없기 때문에, 컴퓨터는 결코 실제로 만들어지는 삼차원적인 존재를 대체할 수는 없다.

한편 포토샵 작업을 할 때 컴퓨터가 마치 소멸되지 않을 것 같은 느낌을 갖게 되는 경우가 있다. 디지털 미술을 통해서 이미지가 생성되고, 그 이미지가 우리와 함께 물리적으로 존재한다고 '상상'하기는 하지만 그 미술 대상이 실존하지는 않는다. 이러한 한계를 보완하는 방법이 있는데, 그것이 바로 인쇄다. 인쇄는 언제나 가능하다는 장점이 있다. 사람들은 컴퓨터상에서 뛰어난 해상도와 색감을 지닌 디지털 그림을 자주 감상한다. 궁극적으로 나는 전통적인 매체와 비교하여 디지털 매체가 더 낫다거나 못하다고 생각하지는 않는다. 그저 각각의 매체가 미술치료 과정에 영향을 미치는 특성이 모두 다르다는 점만 강조하고 싶을 뿐이다.

디지털 기술이 미술치료 연구와 훈련, 임상감독 그리고 사람들 간의 소통에 가져다준 장점이 놀라울 뿐, 부정적인 요소는 없는 것 같다. 최신 장치의 개발에서 비롯된 컴퓨터 테크놀로지와 엄청난 메모리의 확장 덕분에 이미지를 만들고 저장할 수 있는 능력이 더욱더 혁신될 것이며, 이는 치료적인 작업과 연구에 긍정적인 영향을 미칠 것이다. 방대한 양의 시각 자료가 세계 곳곳의 동료들에게 쉽게 전송될 수 있을 뿐 아니라 디지털 기술로 인해 궁극적으로 뛰어난 색감의 표현이 가능해졌는데, 이 기능 하나만으로도 디지털 기술이 미술치료를 변화시킬 것이라고 확신한다. 웹 페이지는 논문 안에 컬러 삽화를 삽입하거나 미술치료사의 작품을 무료로 게재할 수 있도록 개발될 수 있을 것이다. 이미지 작업 경험과 동시에 이루어지는 온라인 교육과 임상감독 역시 연구될 시기에 이르렀다고 본다. 음성과 동작을 통합해 주는 멀티미디어 소프트웨어에 관한 정보는 아직 언급하지 않았다. 그러나 '원격 미술치료' 작업은 앞으로 무궁무진하게 성장할 것이며, 내가 디지털의 발전과 연관 지어 언급했던 장단점 역시 피할 수 없을 것이다.

아동미술 연구의 선구자인 Rhoda Kellogg는 자신의 강의에서 컴퓨터 파일을 이용해 어떻게 수천 장의 아동의 그림을 저장했는지에 관해 잘 설명했다. 그 방법인즉, 파일링 시스템에 꼭 맞도록 그림을 같은 크기로 그리도록 했던 것이다. 그녀의 말을 들으면서, 연구에 대한 나의 관심이 아동들의 표현을 위해 사용될 매체를 제한할 수도 있으며, 이렇게 빡빡하게 통제되는 과정이 아동들의 작품에 어떤 영향을 미치는지 생각하게 되었다. 아동들은 화판을 사용하거나 대담한 색상의 물감과 큰 붓으로 그림을 그릴 기회가 없었던 것이다.

물론 아직까지는 분석과 비교를 위해서 방대한 양의 데이터를 산출해 낸 Kellogg의 정보 파일과 연구의 체계적인 과정을 높이 평가한다. 같은 시기에 나의 미술치료 작업실의 저장 공간은 정리나 질서 있게 저장할 엄두를 내지 못할 만큼 각기 다른 크기의 그림들로 넘쳐 났다. 미술치료사라는 직업으로 일을 시작한 지 얼마 안 되었을 즈음, 완성된 작품을 누가 소유하느냐에 대한 고민도 더러 했다. 그러나 결국 나는 다른 사람들이 완성한 작품을 보관하려는 노력을 포기했고, 나의 연구 초점도 다른 방향으로 선회하였다. 디지털 매체를 활용하면, 이미지가 동시에 많은 곳에 저장될 수 있기 때문에 이제는 보다 새롭고 다양한 선택이 가능해졌기 때문이다.

문명은 새로운 기술을 통해서 계속 진보하며, 미술치료 역시 진보와 함께 움직임을 같이해야 할 필요성에 봉착했다. 지금까지 언급한 디지털 페인팅 소프트웨어와 더불어 컴퓨터 멀티미디어 분야가 진보되면서 음성과 문자, 터치 그리고 동작과 같은 다양한 소통 형태를 지각하고, 미술적인 창작으로 통합해 내는 특별한 방법이 가능하게 되었다. 우리가 그 기회를 붙들기 위해서는 상상력과 창의적인 자원이 필요하다.

감사의 말

Bob Evans를 비롯해 Peter Hart와 Mark Kuhn이 날마다 디지털 영역의 멘토가 되어 주었다. 그들로 인해 나는 디지털 매체를 이용해 작업할 수 있었다.

제6장

사이버 미술치료와 교육

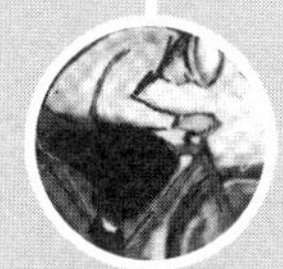

1990년대 후반, 한 상업적인 인터넷 서비스 업체(Internet Service Provider: ISP)에서 심리학 단체의 일과 관련해 전문 웹사이트를 구축하자는 제안을 받았다. 이 웹사이트의 주 목적은 방문객 스스로가 컴퓨터로 잉크반점을 만든 뒤 선보이는 이미지에 대해서 당사자가 개인적인 해석을 할 수 있도록 일종의 시각적인 '로르샤흐 검사(Rorschach Test)' 페이지를 만드는 것이었다. 나의 역할은 이미지에 의한 반응을 분석한 후 미술치료에서 쌓은 전문가적 소양을 바탕으로, 미술가로서 '전문적인' 해석을 제공하는 것이었다. 그 프로젝트는 기존의 프로젝트에 비해 확실히 창의적이고, 놀라웠다. 그러나 나는 이 사이트를 개발하자는 제안을 거절했다. 가장 큰 이유는 이미지 해석 방법이 미술치료사인 나의 개인적인 정서에 맞지 않았기 때문이다. 그러나 이 사건은 '사이버 미술치료'가 언젠가는 존재할 것이라는 가능성을 부여했으며 호기심을 자극했다. 만일 이러한 웹사이트가 가능하다면 앞으로 어떤 형태와 방향성을 지니게 될지 궁금해졌다.

오늘날 웹사이트에서 이용할 수 있는 사이버상담과 정신보건 서비스 분야는 점차 성장 추세에 있으며, 사이버 미술치료 역시 가능성 이상의 효과를 보여 주고 있다. 이제 사이버 미술치료가 이루어지는 것은 시간문제다. '상담카페(Counseling Cafe)'와 '사이넷(Psynet, http://www.psynet.com)'과 같은 온라인 사이트들이 e-상담을 제공하기 위해서 구축되었으며, 보건의료 전문가들 역시 의학적인 웹사이트를 통해 혈압과 혈액 내 당 수치와 같은 신체 증상을 스스로 모니터링한 환자에게 검사 결과를 알려 줄 수 있는 방법을 개발해 왔다. 다가올 미래에는 컴퓨터 테크놀로지가 얼굴을 대면하는 의사나 간호사 또는 치료사들을 완벽하게 대체할 수는 없겠지만, 전자 및 디지털 소통 방식의 활용법은 의학과 정신건강 치료 양쪽 분야 모두를 진일보시킬 것이다.

〈표 6-1〉 동시성 및 비동시성 소통 방식

원격치료나 원격의료 또는 사이버상담이나 사이버치료라 불리는 원격 보건의료나 치료 또는 정신교육적인 조언은 모두가 '소통 경로'를 통해서 이루어진다. 소통 경로에는 일반적으로 동시성과 비동시성, 두 가지 방법이 있다.	
동시성	내담자들은 사이버공간을 통해 '실시간' 검사 결과를 얻는다. 동시성 사이버치료에서는 내담자와 치료사가 같은 시간에 각자의 컴퓨터 앞에 앉아서 동시에 소통한다. 예를 들어, 내담자와 치료사는 자신들의 컴퓨터에 채팅이나 화상회의 같은 소프트웨어와 카메라 장치 등이 장착되어 있다면, 사적으로 인터넷 전화 프로그램을 활용한 미술치료사의 도움을 받거나 실시간 화상회의를 할 수 있다.
비동시성	이메일이나 전자게시판 또는 오디오나 비디오 녹화 기록 같은 정형화된 형태의 소통 방식으로 정의할 수 있다.

오늘날 '사이버 내담자'들은 웹사이트를 통해 동시적 또는 비동시적인 소통 방식으로(〈표 6-1〉 참조), 사이버치료에 전념하고 있으며, 정신건강 상담사와 보다 쉽게 접촉할 수 있게 되었다. 게다가 이메일(비동시적인 소통 방식의 예)이나 실시간, 온라인 채팅(동시적 소통 방식)을 통해서 상호 교류가 이루어진다. 내담자는 자신이 처한 어려움과 관련된 주제나 문제점을 치료사에게 설명하고, 치료사는 온라인상으로 답해 준다. 이때 내담자에 따라 대면치료처럼 일회성 중재가 필요하기도 하고, 장기 탐색이 필요할 때도 있다.

직접 만나서 대면하지 않는 이러한 치료나 상담 방식이 번거롭고 비생산적이라고 생각할 수 있지만, 상담센터와 너무 먼 곳에 살아서 보건의료 제공자나 치료 전문가의 도움을 받는 일이 어렵거나 불가능한 사람들에게는 유용한 방법이다. 먼 곳에 사는데다가 장애나 심각한 병을 앓고 있는 사람이라면 사이버치료가 주는 이점이 있을 수 있다. 왜냐하면, 사이버치료는 이들이 간편하게 이용할 수 있기 때문이다. 또한 자녀의 양육이나 장거리 통근, 다른 집안일이나 보호 역할로 일상이 꽉 차 있는 사람들도 사이버치료에 매력을 느끼게 될 것이다. 주 중에 치료 회기에 올 만한 시간적 여유가 없다고 느끼는 사람 역시 편한 시간에 컴퓨터에 접속한 뒤 치료사에게 언제 시간이 되는지 이메일을 보낼 수 있기 때문에, 컴퓨터 소통 방식이 지닌 융통성에 반응을 보일 것이다.

최근의 연구에 의하면, 사람들은 인터넷을 통해서 정신건강 관련 정보를 검색하는 것을 상당히 즐기며, 보통 건강 관련 인터넷 검색의 40%는 정신건강 관련 문제라고 한다(Roan, 2000). 일대일

정신건강 상담에서 좋지 않은 경험을 했거나, 질병에 대한 치료법을 전혀 찾지 못해 낙담했던 사람들에게 사이버 미술치료는 해결책을 찾는 적절한 수단이 될 것이다.

사이버 미술치료사 이야기

사이버치료가 매력적이라는 생각에도 불구하고, 지금까지 직접적인 미술치료 서비스를 제공하던 내가 어떠한 형태이든지 간에 사이버 치료사가 될 수 있다는 것은 한 번도 상상하지 못했다. 그러나 최근 들어 내담자와 작업을 하던 중 컴퓨터 테크놀로지를 활용하는 문제에 대한 기존의 생각을 바꿀 수밖에 없는 상황에직면하게 되었다.

당시 나는 가출한 10대를 위한 센터에서 시간제로 근무하고 있었는데, 복잡한 스케줄과 다른 일과 관련된 문제들 때문에 계약 업무를 포기해야 했다. 나는 일주일에 하루, 센터에 들르는 청소년들을 대상으로 미술치료와 일반 상담을 하는 부서에 소속되어 있었다. 내가 떠나기로 결정한 것이 관계자나 10대들에게 그토록 충격이 될지는 상상을 못했다. 두 그룹 모두 이 프로그램에서 내가 너무도 중요한 사람이라며, 떠나지 말라고 저항했다. 이처럼 과분한 칭찬을 받자 이 결정에 대해 다시 한번 생각하게 되었다. 그러나 다른 약속과 의무 때문에 더 이상 센터에서 계속 일할 수는 없었다. 마침내 나는 확실하게 대답할 수 있었다. 그러나 융통성을 발휘해서 누군가 이러한 상황에 대해서 신뢰할 만한 대안을 내준다면, 그 제안에 귀를 기울이겠다고 대답했다.

이 사건에 대해 목소리를 낼 기회를 갖게 된 10대들은 나와 계속 연락하고 싶다는 자신들의 요구를 관철시키기 위해 소설 같은 기막힌 해결책을 내게 제시했다. 그들은 자발적으로 센터에 있는 컴퓨터를 이용해 나에게 이메일과 이미지를 보내고, 나도 개인 컴퓨터를 통해 그들에게 답장하겠다고 제안한 것이다. 처음에는 이런 약속이 불가능한 일이라고 생각했다. 왜냐하면, 10대들이 그러한 약속을 지키는 일은 쉽지 않기 때문이다. 그러나 센터의 책임자는 나와의 약속이 다소 흥미 있는 계획이자 재미있는 실험이라며 기꺼이 그 과정을 지켜보고 싶어 했다. 결과적으로, 우리는 10대들이 따를 수 있는 일련의 지침(내용을 비롯해서 컴퓨터를 사용하는 기술과 일반적인 통신 규약 등)을 개발하였다. 그리고 내가 메시지에 응답할 수 있는 주 중의 시간을 정하였다. 놀랍게도, 내가 실험적인 '사이버 미술치료사'의 역할로 아이들에게 남게 된 것이다.

지원금이 끊겨서 센터가 문을 닫을 때까지 '사이버치료 관계'는 일 년 넘게 계속되었다(일 년 중 나의 개인 휴가 기간과 센터가 쉬는 날을 제외하고). 나는 주 중에 쉼터에 들르는 10대들에게 이메일로 답장을 했고, 그들도 나에게 메시지나 이미지를 보냈다. 우리는 이메일을 활용해서 생각을 나누고, 10대들이 만든 산문과 시, 미술 작품 등을 가지고 월간 뉴스레터를 발행했으며, 센터는 이를 배포했다. 우리는 컴퓨터와 접속하는 정보 보호 시스템을 개발했다. 나에게 무엇인가를 보낸 10대들은 각자 비밀번호를 가지고 있었는데,

그들이 피드백을 받기 위해 컴퓨터에 접속해 글이나 이미지를 보내기 전, 센터의 감독자가 먼저 그것들을 검토했다. 나는 이메일을 보내는 각각이 누구인지 알고 있었지만, 10대들은 '뻐다귀' '터미네이터' '더러운 쥐' '칼날' 등과 같은 가명을 쓰는 일을 즐거워했다.

컴퓨터 중재 미술치료로 인해 나는 나와 멀리 떨어진 곳에 사는 이들과 계속 연락할 수 있었다. 혹여 내가 업무상 출장을 갈 때는 그 지역 도서관이나 누군가의 집에 있는 컴퓨터에서 인터넷에 접속해 이메일을 확인했으며, 필요하다면 메일을 보낸 10대들이나 센터의 책임자에게 답장을 보냈다. 또한 이번 주에 '캐시는 도대체 어디 있었는지' 보기 위해 센터에 들르는 청소년들에게 점점 이러한 미술치료는 자리를 잡아 갔다. 이것은 특히 집을 나와 길거리에서 끊임없이 방황하는 10대에게 걸맞은 작업으로 보인다.

시간이 지나면서 이 가출 청소년들에게 내가 본질적으로 심리치료사라기보다는 촉매자이자 촉진자로서의 역할을 했음을 깨달았다. 나는 이들 그룹에 심리치료보다는 안내와 조언을 주로 하는, 책임감 있고 감성적인 멘토로서 헌신했다. 처음에는 사이버 미술치료라는 실험으로 시작되었지만, 도출된 결과는 참으로 흥미로웠다. 첫 번째로, 센터에서는 참여가 들쭉날쭉하던 10대들이 이메일을 통해서는 나와 규칙적으로 소통했다. 두 번째로, 몇몇 청소년들은 전혀 만나 본 적이 없는데도 온라인상에서 나와 교류하기 시작했다. 세 번째로, 전혀 기대하지 않았던 결과가 나타났다. 미국의 다른 지역에서 이러한 프로그램을 찾고 있던 대안학교 교사가 학생들에게 이메일과 이들의 그림과 시가 담긴 웹사이트를 보여 주고 반응이 어떤지 알려 달라는 요청을 해 온 것이다. 아직은 우리가 이러한 교류에 대한 결과를 평가하기에는 다소 일렀지만, 많은 청소년들이 이메일을 통한 소통을 선호한다는 것을 알 수 있었다. 이러한 소통은 디지털 세대로 태어난 청소년들에게 알맞은, 발전적이고 문화적인 장치로서 이들이 덜 위협적이라고 느끼는 '펜팔'의 한 형식으로 자리 잡았다고 여겨진다.

사이버 미술치료

컴퓨터 중재 및 원격치료 접근법

나의 컴퓨터 미술치료 경험은 항상 내가 작업하고 있는 개인이나 그룹 또는 다른 환경의 치료 작업 안에서 누군가의 특별한 요구에 반응하다 얻게 된 것이다. 또한 미술치료의 원칙에 컴퓨터 테크놀로지를 통합시키는 매개변수와 개념에 대하여 적극적으로 탐색하는 미술치료사들이 점점 많아지고 있다. 그들은 내담자들에게 자기표현과 소통 그리고 치료를 향한 새로운 통로를 제시하기 위하여, 컴퓨터 테크놀로지를 비롯해서 드로잉 프로그램이나 페인팅 프로그램 또는 사진보정 프로그램, 인터넷과 웹 그리고 디지털 전파 기술이 결합된 원격소통을 활용하는 방법을 개발하고 있다. 다음은 컴퓨터 중재 미술치료와 원격치료를 적용하려는 선도자들의 노력을 요약한 것이다.

컴퓨터 중재 미술치료의 시작

최근 컴퓨터 중재 미술치료의 현황에 관하여 논의하기 전에, 이 매체를 탐색하는 데 선구적인 역할로 신망이 높은 사람들에 대한 개관을 짧게나마 해 보는 것이 중요하다고 생각한다. 그중 한 명인 Diane Weinberg(1985)의 작업은 이 책의 첫 장에서 언급한 적이 있는데, 전신마비나 뇌졸중 또는 뇌 외상과 같은 신체적인 한계가 있는 환자들과 컴퓨터로 작업하는 것에 중점을 두고 있다. 그녀는 컴퓨터가 장애를 지닌 사람들의 치료와 관련해서 중요한 역할을 한다고 믿고 있다.

"컴퓨터로 그림을 그리는 데 필요한 것은 손기술이 아니다. 여기서 필요한 것은 오직 그림을 그린 사람만이 스스로에게 내리는 미학적인 평가다. 그림을 창작하는 데 컴퓨터의 특별하고 환상적인 방식을 사용하면 관찰과 성찰, 안목 그리고 기억이 더욱 촉진될 수 있다" (1985, p. 71).

이처럼 미술치료에 초기 컴퓨터 테크놀로지를 적용하려고 했던 그녀의 시도는 전통적인 미술 작업(드로잉, 페인팅, 점토 만들기 등)에 어려움을 겪는 사람들을 위한 것이었다는 점에서 확실히 두드러진다.

미술치료사 Devorah Samet Canter(1989)는 초기 '애플' 매킨토시와 애니메이션 소프트웨어인 '비디오웍스 2(VideoWorks II)'를 활용한 연구 결과로서 미술치료와 컴퓨터에 관하여 계속적으로 자주 인용되는 중요한 논문을 썼다. 그녀는 이러한 컴퓨터 테크놀로지를 자신의 작업에 적용하여 정서적인 어려움을 겪고 있는 아동과 청소년들에게 컴퓨터로 감정이나 환상에 대한 그림과 만화 작업을 할 수 있도록 스토리텔링 도구로 사용했다. 어린 환자들은 자신의 개인적인 어려움을 이미지를 통해 컴퓨터상에서 표현하도록 하면서 컴퓨터와 그래픽 프로그램을 능숙하게 다루는 것은 물론 스스로 자존감이 높아지는 것을 경험할 수 있었다. Canter는 이러한 컴퓨터 기술이 치료적인 환경에서 효과적이었다고 믿고 있다. 이유인즉, 이러한 아동이나 청소년들은 운동협응 능력과 충동성으로 인해 전통적인 미술 재료만을 가지고 자신을 표현하기에는 어려움이 뒤따르기 때문이다.

1993년, Hartwich와 Brandecker는 자신들의 치료실에서 이루어진 창의적인 미술치료 프로그램 안에서 컴퓨터 페인팅 프로그램을 실시하는 실험에 착수했다. 저자들은 내과 의사로, 특히 정신분열과 같은 심각한 정신질환 환자에게 내리는 약 처방을 보완할 수 있는 치료 방법을 찾고자 했다. 그들은 몇몇 환자들이 페인팅 작업을 하는 동안 정신 상태가 '바뀌는' 것을 관찰한 뒤, 컴퓨터 페인팅이 이러한 대상에게 구조적인 경험을 제공한다는 점에서 유용할 수 있다는 가설을 세웠다.

이 연구 결과로, 그들은 전통적인 페인팅과 컴퓨터 중재 페인팅 사이에 나타나는 몇 가지 특징적인 차이점에 대하여 다음과 같이 주장하였다.

- 컴퓨터 기반 페인팅 작업이나 색과 형태, 도구 등은 조작하기 쉽기 때문에 시작하는 것의 두려움이 줄어들 수 있다.
- 컴퓨터 기반 이미지는 다양한 형태로 발전되고 저장될 수 있다.
- 컴퓨터를 통해서 페인팅 작업을 한 사람들은 그 과정을 비축하고 그것을 기억할 수 있다.

결론적으로, 사람들이 이러한 매체를 가지고 작업하다 보면 어떤 의미에서는 사람과 컴퓨터 사이에도 하나의 관계가 만들어진다고 할 수 있겠다.

미술치료에 대한 컴퓨터 중재 접근법

현재의 시각

최근 몇 년간 가정용 컴퓨터를 보유하는 경우가 증가하고 사용하기 편리한 소프트웨어가 많아지면서, 미술치료에 컴퓨터 테크놀로지를 적용하는 것에 대한 관심이 높아지고 있다. 미술치료사들은 '어도비 포토샵(Adobe Photoshop)' '키드픽스(Kid Pix)' '드림메이커스(Dream-Makers®)'와 같은 프로그램뿐 아니라 스캐너, 디지털카메라, 프린터와 같은 최신 도구들을 갖추고, 내담자들에게 컴퓨터 미술치료를 소개하는 것은 물론 자기표현과 시각적인 창의성을 강화시키는 방법으로 활용하고 있다. 뿐만 아니라, 인터넷을 활용해 내담자와 학생 그리고 동료 전문가들과 소통하고, 웹을 활용해 연구와 치료 서비스 광고를 하게 되면서 왜 그리고 어떻게 해서 미술치료가 사이버 미술치료실을 가능하게 만들어 주는 컴퓨터 테크놀로지 쪽에 관심을 기울이게 되었는지 쉽게 이해할 수 있다.

미술치료와 컴퓨터 테크놀로지 분야에서 동시대를 선도하는 사람은 Barbara Parker-Bell이다(1999a, 1999b). Parker-Bell은 강렬한 고감도의 경험을 바탕으로, 미술치료에 컴퓨터 하드웨어와 소프트웨어를 포함시키는 작업에 대한 옹호자로서, 미술치료사들이 어떻게 하면 모든 연령대의 환자들과 작업할 때 컴퓨터 테크놀로지를 활용할 수 있는지에 대한 전략을 개발해 왔다.

> 컴퓨터 테크놀로지를 생각하면 매력적이고 환상적이면서도 두려운 느낌이 든다. 미술치료사로서 우리에게는 내담자들이 컴퓨터 미술 프로그램을 통해서 파스텔과 물감 그리고 점토를 사용할 때 육체적인 실제성으로부터 분리된 채 가상현실을 경험하도록 부추길 수도 있다는 두려움이 있다. ……물론 컴퓨터게임이나 인터넷 중독과 오용 가능성에 대한 걱정도 적법하기는 하지만, 그렇다고 컴퓨터 사용에 대해 오직 부정적인 면만을 부각하는 것은 공평하지 않다. 컴퓨터가 창의적인 과정에 대한 고약한 파괴자라고 규정하는 것은 컴퓨터 매체를 활용하는 혁신적인 결과를 폄하하고, 미술치료 분야의 발전 기회를 제한할 가능성이 있다(1999a, p. 180).

비록 컴퓨터 테크놀로지가 미술치료의 틀 안에서 단점을 드러낼 수도 있으나, Parker-Bell(1999a)은 문제점보다는 장점을 더 많이 찾아냈다. 그것의 장점은 다음과 같다.

- 이전에 한 작업을 잃지 않고 이미지의 다양한 변화를 저장하고 기록할 수 있는 기능이 있다.
- 장애를 가진 사람이 미술 작업을 하는 것이 가능하다.
- 잘 구비된 콜라주 상자를 활용하는 것과 같은 방법으로 소프트웨어를 활용하면 이미지 작업이 더욱 촉진된다.
- 전통 매체의 수준이 컴퓨터 미술 작품과 결합되면서 더 높아질 수 있다.
- 이미지나 이미지 작업에 있어서 컴퓨터 스크린은 하나의 자연스러운 용기(container) 역할과 경계선 기능을 할 수 있다.

모든 연령대의 사람들과 미술 작업을 할 때 컴퓨터를 사용한 경험을 통해서, 그녀는 숙련도나 탐색 의지에 따라 소프트웨어의 선택이 좌우될 수 있다는 점을 알게 되었다. 소프트웨어의 선택은 문화적 배경에 따라 차이가 있어서 미숙한 사람들은 선택에 두려움을 느낄 수도 있다. 그녀는 그래픽 프로그램인 '플라잉 컬러스(Flying Colors)'를 활용해서 좋은 결과('제2장' 참조)를 이루어 냈으며, 이 프로그램을 내담자와 미술치료사 모두가 사용하기에 편리한 소프트웨어로 추천했다.

이 밖에도 컴퓨터를 치료적인 표현과 소통의 수단으로 삼아 선구자적인 역할을 한 미술치료사들이 몇 사람 더 있다. 캐나다인 미술치료사 Diane Ranger(1996)는 치료 과정에 컴퓨터를 결합시키는 작업과 컴퓨터를 원격치료에 활용할 수 있는 가능성에 관해 연구했다. Weinberg와 마찬가지로, Ranger는 컴퓨터를 사용하는 것이 다중 장애를 지닌 사람들에게 이득이 될 수 있으며, 이러한 미술형식을 통해서 자신을 효과적으로 표현할 수 있는 가능성이 있다는 관찰 결과를 발표했다.

미술치료사 Robin Feldman(사이트는 '제4장' 참조)은 학교와 개인치료실에서 이루어진 아동과 청소년을 대상으로 한 미술치료에 컴퓨터를 활용했다. 그녀는 아동이 쉽게 사용하고 관심을 가질 수 있도록 고안된 '키드픽스' ('제2장' 참조)와 같은 간단한 페인팅 프로그램을 활용했다. Feldman은 학습장애나 정신지체 또는 그저 컴퓨터를 가지고 작업하는 것을 즐기는 아동들에게 컴퓨터를 자기표현을 위한 또 다른 도구로 이용하도록 한 셈이다. 어떤 아동들은 거리 조절을 반영적으로 할 수 있다는 점에서 크게 안전감을 느끼기도 한다(비공식적 견해). 그녀는 컴퓨터가 표현을 제한하는 '방어적인 도구'가 될 수도 있지만, 그래도 대부분의 경우에 '그림 실력에 대한 자기비판적인 평가에서 비껴갈 수 있는' 장점이 있다고 주장했다. 그녀는 다음과 같은 짧은 사례를 공개했다.

Angelo는 만 11세로, 가족으로부터 받은 과도한 방임과 학대로 인하여 수양가정에 맡겨진, 다섯 형제 중 한 명이다. 그녀는 가족과 지낼 때 특별히 벌을 많이 받은 희생양 역할을 했던 것으로 보이며, 스스로도 자신을 희생자라고 인식하고 있었다. 변 실금과 수동-공격적인 행동을 보이고, 돌보는 사람과 애착 형성이 어려운데다가 심각한 학습장애까지 있어서, 수양가정에서 계속 살기가 어려운 상황이었다. 그와 나이 차이가 가장 적게 나고, 애착을 보이는 두 형제가 함께 다른 수양가정으로 보내지게 되면서, 그는 그들과 같은 가정에 있을 수 없다는 점에서 두 번 버려졌다고 느꼈다. 또한 다른 형제들과 다르게 취급됐다고 인식했으며, 그로 인한 상실감과 무력감에 사로잡혀서 수양가정과 학교에서 부정적인 관심을 일으킬 만한 행동으로 자신의 감정을 표출하고 있었다.

초기 미술치료에서 모래상자와 좀 더 전통적인 미술 재료를 사용하는 작업을 통해 그의 감정을 표현할 수 있는 새로운 방식을 찾아냈다. 그는 컴퓨터상에 감동적인 그림을 그렸는데, 미술치료사는 그 그림 안에 표현된 그의 절망감에 주목했다.

컴퓨터 그래픽 프로그램을 사용하여 Angelo는 기찻길을 그리고 그 위에 기차를 그렸으며, 멈춤 신호등과 전봇대를 그린 다음, 기차 위를 지나는 전선을 그렸다. 그러고 나서 빨간색으로 경고 문구를 썼다. '위험! 고압선 주의!' 이미지는 마치 위험을 향해 달려가는 것처럼 보였고, Angelo는 다른 때와 달리 그림에 흥미를 느끼고 집중하고 있었다. 그가 만족할 만큼 이미지가 완성되기 전에 시간이 끝나 버렸지만, 그는 다음 회기에 그것을 끝낼 수 있을 것이라고 자신 있게 이야기했다.

마지막 회기에서 그는 기찻길에서 스케이트보드를 타고 노는 소년을 전선 아래 그렸다. "굉장히 위험해 보이네."라고 내가 말하자, 그는 "그래요, 하지만 얘는 상관 안 해요."라고 대답했다. 그는 소년이 전선에 의해 감전된 것처럼 보이도록 번개를 그려 넣었다. 그 소년에게 무슨 일이 생긴 것 같냐고 물으니, 그는 소년 복사본 위에 X자가 쓰인 원('안 돼!'를 상징하는)을 마구 그려 넣었다. 그리고 그 옆에 '평안히 잠들다.'라는 문구가 새겨진 묘비를 덧붙였다. 이는 그 소년이 죽고 싶어 한다는 것을 상징한다. Angelo는 다시 한 번 "얘는 다치든, 죽든 상관 안 해요."라고 내게 속삭이며 말했다. "아무도 상관 안 해요…… 아무도 얘를 좋아하지 않으니까요." 그리고 거의 들리지 않을 만한 목소리로 말했다. "얘는 가족이 없거든요."

이 그림을 통해 Angelo가 외로움과 엄청난 상실감 그리고 절망감을 느끼고 있음을 분명히 인식할 수 있었다. 그리고 자신이 그림 안에 있는 소년과 같이 느끼고 있다는 사실을 미술치료사도 알아채도록 하였다. 얼마나 안전하지 않다고 느끼는지, 그리고 자살하고 싶은 충동이 어느 정도인지 탐색한 다음, 그의 수양어머니와 심리학자 그리고 교사는 조심스럽게 이 어려운 시기를 보내고 있는 그를 돕기 위해 많은 지지를 보내기 시작했다.

이 사례에서 Angelo는 컴퓨터 그래픽 프로그램 덕분에 이미지 표현을 통해 자신을 압도하는 감정뿐만 아니라, 외부적인 환경에 대하여 자신이 내면적으로 경험하고 있는 위기감과 직접적으로 소통할 수 있었다. 그는 자신의 위협적인 생각을 컴퓨터와 공유함으로써 그것에서 벗어나고, 많은 지지를 받은 것으로 보인다. 이 회기 다음에 그는 미술치료 작업 중에 자신의 깊은 상실감을 바라보고, 스스로 안전감을 구축하기 위하여 계속 점토와 모래상자, 컴퓨터 그래픽을 활용했다. 그는 미술치료 초기에 공유하기에 안전하다고 느낀 컴퓨터를 사용함으로써 그림으로 자살 충동을 표현할 수 있었다(비공식적 견해).

또 다른 미술치료사들도 원격 미술치료를 위해서 컴퓨터와 그래픽 프로그램을 활용했다. 예를 들어, 미술치료사 Jerry Stochansky는 내담자에게 기본적인 컴퓨터 페인팅 프로그램을 활용해서 그림을 그리게 한 다음 자신에게 보내도록 했다. Stochansky에게는 내담자가 이미지를 완성하고 나면 함께 교류할 수 있는 전화선이 하나 더 있었다. 그들은 내담자가 자신의 이름이나 '완성'이라는 단어를 입력하면 Stochansky가 그에게 전화를 거는 방식을 사용했다. Stochansky는 그 과정을 다음과 같이 설명했다.

그동안 2년 넘게 한 내담자와 함께 사용한 것은 기본적인 페인팅 프로그램인데, 그는 이를 활용해 이미지를 그리고 색칠을 한 다음 나에게 이미지를 보냈다. 우리에게는 그가 자신의 이미지를 완성하고 나면 이야기를 나눌 수 있는 전화선이 하나 더 있었다. 그는 내가 그에게 전화할 수 있도록 자신의 이름이나 '완성'이라는 단어를 입력했다. 나는 뭔가 예방적인 조치가 좀 필요하다고 느꼈는데, 그 이유는 내가 그와 같은 방에 있지 않기 때문이다. 그래서 방문보호 간호사와 같이 있을 때만 모뎀을 통해서 약속을 잡도록 했다. 만일 그가 뭔가로 묶어서 자살 충동을 실행에 옮기거나 또 다른 위기 상황에 놓이게 될 것을 우려하여 누군가가 그의 옆에서 지지해 주거나 위기 중재를 해 주기를 바랐다.

내가 이 사례를 캐나다미술치료협회(Canadian Art Therapy Association)의 학술대회에서 처음 발표했을 때 사람들은 적잖이 놀랐지만, 최근(1999년)에 다시 설명했을 때는 지원(방문보호 간호사와 같은)받을 만한 여유가 없는 사람에게 너무 많은 예방 조치를 했다는 비판을 받았다.

어떤 사람들은 내가 내담자에 대한 걱정보다는 책임을 경감시키는 일을 더 많이 했다고 말했다. 나는 책임을 회피하기 위해서 무의식적으로 이러한 해결책을 제안했는지도 모른다. 하지만 나의 의도를 의식적인 견해로 살펴보면 내가 진행하고 있는 에이즈 그룹인 '에이즈를 겪는 사람들을 위한 모임(Persons with AIDS Society)'의 회기에 오는 것을 거부하는 사람과 접촉하기 위함임을 알 수 있다. 그들은 누워 있으려고만 했고, 움직이기에는 너무 약했다. 그들이 접촉했던 모든 사람들이 무의식적으로 행동했던 것처럼 내가 그들에 대해 무의식적으로 판단할까 두려워서 나와의 만남을 원치 않았던 것이다(비공식적 견해).

Stochansky의 혁신적인 사이버 미술치료는 내담자와의 작업에 있어서 컴퓨터를 활용하는 방식의 이점과 문제점을 동시에 보여주었다. 하지만 그는 병으로 인해서 신체적인 장애를 겪고 있는 사람들에게 치료적인 서비스를 제공할 수 있었다. 즉, 이 남성 환자에게 집에 머무르면서도 소통하고 창작할 수 있는 방식을 제안한 것이다. 이처럼 정신건강 및 보건의료 전문가들이 이제 막 탐색을 시작한 또 다른 양상의 치료 관계도 있다. 이와 관련된 연구는 이 책의 마지막 장에서 더 많이 탐색해 볼 것이다.

이메일 중심의 소통

치료 회기 사이에 연결 유지하기

어떤 미술치료사들은 치료 회기 사이에 내담자와 연결을 유지하기 위한 방법으로, 컴퓨터 테크놀로지의 이점을 십분 활용해 가정용 컴퓨터로 그들에게 이메일을 보낸다. 미술치료사 Carol Lark는 '제4장'에서 언급한 자신의 작업에 대하여 다음과 같이 보고하였다.

> 내담자 중 몇 명은 나와 연결을 유지하는 방법으로 간헐적으로 이메일을 보낸다. 나는 그들에게 인터넷에서는 사생활이 지켜지지 못할 수도 있다고 경고하고, 그들의 이메일에 짧게 답한다. 회기 사이

에 접촉을 원하는 내담자들은 이메일을 통해서 마치 내가 여전히 '여기'에 있고 연결이 유지되는 것처럼 느낀다고 한다. ……누구나 다 자주 보내는 것은 아니고, 그저 감정이 북받쳐서 자신이 압도당한다고 느낄 때나 우리의 다음 약속에 앞서서 뭔가 '의미를 분명히 하고' 싶은 욕구가 생길 때(일주일에 한 번 이상은 아니다) 이용한다. 사실상 이 글을 쓰는 지금, 이메일을 이용하는 내담자들은 2주에 한 번 하는 치료 단계로 넘어간 사람들이다. 이는 무척 흥미로운 일이다. 다시금 강조하지만, 그들은 간헐적일 뿐 매주 이메일을 사용하지는 않는다(비공식적 견해).

또한 Lark는 비록 치료 형식으로 이메일을 사용하는 것이 가능하기는 하지만, 안전성과 비밀 보호라는 중요한 윤리적 문제가 존재한다는 것을 알게 되었다. 다른 이들이 언급한 바와 같이 적어도 치료사가 사용하는 이메일에는 보안서버가 필요하다.

나는 이메일이 미술치료의 대면 경험 뒤에 따르는 후속 조치로서, 전자공학적인 도움으로 치료적인 관계를 강화하는 좋은 방법이라는 것을 알게 되었다. 때때로 내가 단순히 "어떻게 지내요?"라는 이메일을 보내기만 해도 사람들은 답장을 보내려고 하며, 자신들이 어떻게 느끼는지, 그리고 치료 회기 사이에 발생한 사건들에 관하여 보고하거나 지난번 우리의 만남에 대한 생각을 알려 준다. 암이나 후천성 면역결핍증(Human Immunodeficiency Virus: HIV)을 앓고 있는 사람들을 대상으로 하는 미술치료 작업에서 이메일은 병원 치료를 받기 위해 매주 개인 회기나 집단에 참여하기 어려운 상황일 때, 서로에 대한 연결을 유지시켜 주는 효과적인 방법이다.

HIV 검사에서 양성반응을 보인 Robert라는 청년은 우리 지역에 있는 다른 전문가의 소개로 컴퓨터를 통해서 나와 처음 연결되었다. Robert는 자신의 의학적인 상황과 동성애적인 기질에 관해서 스스로를 비난했기 때문에 나와 편해지기 전까지는 대면치료를 시작하는 것에 대해서 주저했다. 어떤 사람들은 성적 대상이나 그 밖의 민감한 문제에 관해서 이야기하는 것을 어려워하거나 거부한다. 그러나 조심스럽게 온라인으로 논의하다 보면, 당황스러움은 줄어들면서 신뢰 수준이 높아져 상대방과 좀 더 직접적인 소통을 가능하게 한다. 다행스럽게도 이 청년과 나는 상호 교류가 잘 이루어진 경우라고 할 수 있다. 몇 통의 이메일을 나눈 후에, 그는 초기 상담을 위해서 나의 작업실에 올 수 있을 만큼 충분히 안전하다고 느끼게 되었고, 이제는 수년째 규칙적으로 만나는 내담자가 되었다.

치료 중인 내담자에 대한 원격 미술치료 접근법

'제1장'에서 논의한 원격치료는 의학이나 심리치료와 관련된 의료 서비스 영역에서 급속한 성장세를 보이고 있다. Stochansky가 건강상의 이유로 집 밖에 나올 수 없는 사람들을 대상으로 한 원격 미술치료는 보건의료 서비스의 많은 요소들을 보여 주는 좋은 본보기다. 캐나다의 미술치료사이자 화가 그리고 연구자인 Kate Collie도 미술치료를 기존의 원격치료 서비스에 통합시킨 선두 주자다. 그녀는 최근 암 치료를 위한 미술치료와 관련된 논문을 작성하고 있는데, 자신의 관심 분야에 대하여 다음과 같이 요약하였다.

> 나는 먼 거리에서 이용 가능한 서비스를 통해 보건의료 이용률을 높이기 위한 원격 소통 기술의 이용, 즉 원격치료 도메인에 대한 연구에 빠져 있다.
>
> 연구의 장기적인 목표는 암이나 다른 외상적인 병을 앓고 있는 사람들을 위해 미술을 기반으로 하는 원격 심리사회적 서비스를 개발하는 데 도움을 주는 것이다. 특히, 이번 연구의 목적은 암을 치료하는 미술치료 과정에 대한 이론적인 모델을 세우는 데 있다. 이러한 모델은 훗날 실시간 미술치료 중심의 원격치료 서비스를 창출하는 틀로 사용될 것이다. 아울러 이 모델은 면 대 면 환경에서 이루어지는 의학적인 미술치료의 과정을 명확히 하는 데도 사용될 수 있다 (Collie, in press).

Collie는 최근 브리티시컬럼비아 대학교(University of British Columbia)의 컴퓨터학과 석사과정생인 Davor Cubranic과 협동으로 개발하고 있는 능동적인 원격치료 방식에 관한 보고서의 일종인 「온라인 미술치료: 원격상담에 대한 참여적인 행동 연구(Art Therapy On-Line: A Participatory Action Study of Distance Counselling Issues)」의 기초를 마련하고 있다. 이 석사논문의 연구 목표는 다음과 같다.

- 먼 지역에 살거나 집에서만 생활해야 하는 사람들에게 정신보건의료를 전해 주는, 소리와 화면 중심의 소통 시스템을 활용해 편리성을 도모하기

- 컴퓨터를 기반으로 하는 원격 미술치료의 개념에 대한 예비적인 방법을 평가하기
- 원격 정신보건 서비스를 위한 기술적이고 과정적인 단계를 개발하기 위하여 고려해야 할 중요한 문제를 규명하기
- 원격치료에 대한 대학 연구자들(대학원생)과 지역의 사회복지 관련 전문가들 간의 아이디어와 정보 교류 촉진하기(Collie, 1998)

미술치료 그룹이나 다른 형태의 치료적 그룹 또는 정신교육적인 그룹은 내담자와 치료사/촉진자가 서로 떨어진 장소에 있을 때, 컴퓨터 시스템을 통하여 Cubranic과 Collie가 만든 대화나 이미지를 기반으로 하는 지지적인 소통을 할 수 있다. Collie는 이 과정을 다음과 같이 설명했다.

> 비록 시스템은 기본적으로 미술치료 작업을 도와주기 위하여 고안되었지만, 다른 형태의 치료적인 상호작용에도 도움이 될 수 있다. 예를 들어, 언어적인 소통이나 언어 중심적인 상호 교류를 뒷받침하기 위해서 그래픽적인 소통 작업이 사용될 수도 있는 것이다. 원격 미술치료를 위한 원격치료 시스템을 개발하는 데 있어서 비용면에서 효율성을 지닌 연구 대상 중 하나는 먼 곳에서 정신보건의료를 전하는 수단으로서 화상회의를 하는 것이다. 이 시스템은 소리와 화면으로 구성되므로, 전화나 이메일 서비스보다 더 상세히 볼 수 있다. 그러므로 현재의 가정용 컴퓨터 세대는 인터넷에 접속해서 이 시스템을 작동할 수 있을 것이다(Collie, in press).

또한 '별처럼 빛나는 세상™(STARBRIGHT World™)'과 같은 원격 치료의 개념과 맞닿은 프로그램이 있다. 이 프로그램은 1991년에 만들어졌는데, 다음과 같이 묘사된다.

"바로 그곳, 미국 전역에 걸쳐 병원에 입원한 아동들이 자신과 같은 병을 앓는 친구들과 교류하면서 서로 질병과 함께 살아가야 하는 일상의 현실과 맞설 수 있도록 도와주는 공간으로, 개인적이고 상호 교류적인 컴퓨터 네트워크다(www.starbright.org/projects/sbw/index.html). 이를 통하여 심각한 병을 앓고 있는 아동과 청소년들이 자신의 경험을 나누고, 병에 대하여 더 많이 배울 수 있을 것이다. 이 프로그램의 목표는 병을 심하게 앓고 있는 아동의 경험을 논의하고 발전시키며 연구하는 데 있다."

'별처럼 빛나는 세상™'에 대한 조사 연구는 미국에 있는 몇 개의 사이트를 통해서 이루어지고 있다. 참여 사이트는 국립보건연구소 클리닉센터(the Clinical Center at the National Institutes of Health: NIH), 해컨색 대학병원(Hackensack University Medical Center), 휴스 스폴딩 아동병원(Hughes Spaulding Children's Hospital), 스탠퍼드 대학교(Stanford University) 그리고 마운트 시나이 메디컬센터(Mount Sinai Medical Center) 등이다. 조사 연구는 암과 신장, 위 관련 질환, 겸상적혈구성빈혈 그리고 천식을 앓고 있는 아동과 청소년을 대상으로, 프로그램이 고통이나 기분, 심리적인 적응, 치료를 향한 의지 등에 미치는 영향을 주로 다룬다. 또한 병원에 입원한 아동에게 사이버 환경이 어떻게 영향을 미치는가에 관련하여, 프로그램에 대한 평가도 이루어진다.

컴퓨터가 치료적인 교류의 중요한 부분이 되어 감에 따라, 앞 장에서 언급했던 HIV를 앓고 있는 청년 Robert는 나의 원격치료 환자가 된 셈이다. Robert는 요즘 병원치료와 살을 에는 듯한 약물치료로 인해 건강 상태가 별로 좋지 않다. 그는 병을 앓는 동안에 감염이나 장애 때문에 집 밖을 못 나갈 때가 여러 번 있었다. HIV라는 진단을 받기 전에, 그는 활발한 예술가이자 커다란 캔버스에 작업을 하는 화가였다. 그러나 병으로 인해 육체가 쇠약해지면서 그는 오랜 세월 동안 해 왔던 방식으로 더 이상 그림을 그릴 수 없음을 깨닫게 되었다. 그러나 그는 여전히 몇 가지 방식으로 작품을 만들기를 원하고 있었다. 그는 나에게 자신이 화가라고 말했으며, 컴퓨터 그래픽 프로그램을 사용할 수 있도록 훈련받았고, 그래픽 디자이너로 잠깐 일한 적도 있다고 덧붙였다. 특별히 컴퓨터 그래픽에 관심이 있는 것은 아니지만 그는 페인팅 프로그램과 사진 소프트웨어를 가지고 작업하는 것에 흥미를 느꼈다. 그리고 침대에 갇혀 있는 동안에도 작업할 수 있다는 것이 매력적이라고 했다. 그래서 나는 집에 돌아오는 길에 지역 대학 도서관의 컴퓨터 체험판을 관장하는 부서에 들러 컴퓨터 페인팅 프로그램의 체험판 복사본 몇 장을 가지고 왔다. 나는 그가 스스로 프로그램을 사용해 보는 숙제를 주고, 프로그램 중 어떤 것이 그의 이미지를 창조하고자 하는 욕구를 자극하는지 보려고 하였다.

이 프로그램을 그에게 가져다준 지 일주일 만에 Robert의 메일을 받은 나는 너무나 놀라고 말았다. 메일에는 이미지가 몇 장 첨부되어 있었다([그림 6-1] [그림 6-2] [그림 6-3] 참조). 우리는 그가 경험한 과정과(나 역시 그 소프트웨어에 대하여 배우는 중임) 그가 창작한 이미지에 관해 이야기를 나누기 위해서 계속해서 전화 약속을 잡아야 했다. 그가 집 밖으로 나올 만큼 강해져서 정기적인 치료 회기에 참석할 수 있게 되자, 그는 가정용 컴퓨터를 가지고 왔고 우리는 함께 컴퓨터로 작업했다.

나는 페인팅 프로그램과 사진보정 프로그램에 대한 이해가 부족했는데, 그와의 작업으로 인해 오히려 개선된 것은 물론이거니와 치료적인 장점이 되었다. 이 청년이 나에게 다양한 소프트웨어 프로그램을 가르쳐 주고, 자신의 창의적인 기술을 표현할 수 있었으며, '캔버스' 안에 화가로서 자신의 재능을 표현할 수 있도록 도와주는 이러한 도구들은 자신감을 불러일으켰다.

지금도 우리의 원격치료 관계는 잘 유지되고 있다. 여전히 전통적인 대면 미술치료 회기를 하고 있지만, Robert가 컴퓨터 중재 미술치료에 관심을 가지고 있기 때문에 온라인 관계도 계속 유지하고 있다. 그의 최근 프로젝트 중의 하나는 우리 공동체의 지역 에이즈 단체를 위한 광고 이미지를 개발하는 것이다. 이 이미지는 단체가 하고 있는 식이요법과 상담, 재정적인 지원과 동물매개치료 그리고 운동 강좌와 같은 서비스를 알리는 데 도움이 될 것이다. 또 [그림 6-4]는 HIV에 걸린 사람들을 위한 재기 발랄한 무료 에어로빅 강좌 광고로서, 간단한 사진보정 프로그램으로 제작된 것이다.

마지막으로, 웹은 회기 중간에 환자에게 정신교육적인 자원으로 유용하게 사용될 수 있다. 나는 가끔 암 투병을 하는 환자들에게 웹사이트를 소개하고, 그들에게 과제를 주어서 유명한 사이트의

[그림 6-1] Robert가 컴퓨터로 생성한 이미지 1

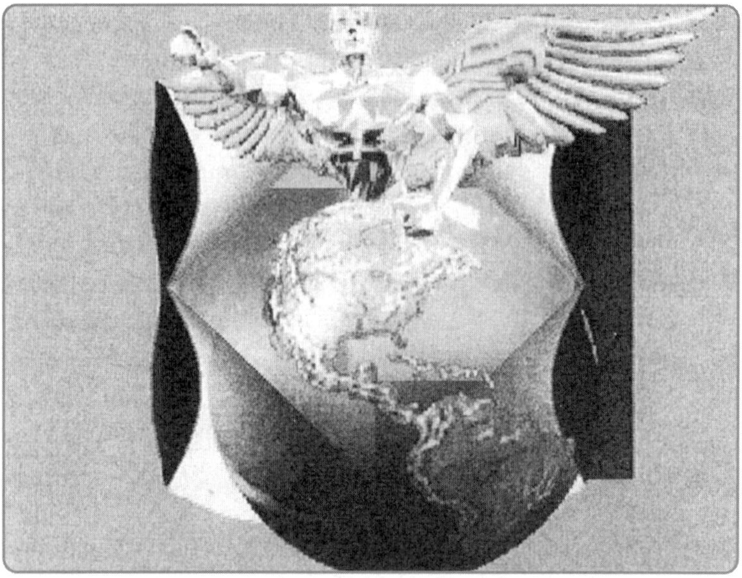

[그림 6-2] Robert가 컴퓨터로 생성한 이미지 2

[그림 6-3] Robert가 컴퓨터로 생성한 이미지 3

[그림 6-4] Robert가 컴퓨터로 생성한 이미지 4

목록에 나와 있는 영양에 대한 정보를 찾아보거나 실시간으로 미술치료사와 온라인 지지 그룹을 방문하도록 한다. 그리고 치료와 관련하여 다양한 형태의 대체의학(마사지 테라피, 침술 등)의 실현 가능성에 관해서도 연구해 보도록 한다. 5년 전만 해도 암 환자는 대학의 의학 도서관으로 가서 자신들의 상태에 대한 정보를 개인적으로 찾아봐야만 했다. 그러나 이것은 거리라든가 직장 일 또는 집안일이 걸림돌이 되는 사람에게는 거의 불가능한 일이다.

가정용 컴퓨터와 모뎀 그리고 케이블 선이 등장하면서 이러한 형식의 정보에 접근하기가 훨씬 쉬워졌다. 특히, 학구적인 치료사들은 내담자들에게 믿을 만하고 명성 있는 웹사이트와 온라인 서비스를 받도록 안내한다.

지금은 존스홉킨스 대학교(Johns Hopkins University), 쿠퍼센터(C. Everett Koop Center) 그리고 웹엠디(WebMD) 등 정신장애나 신체적인 질병을 지원하는 신뢰할 만한 사이트들이 많이 있다. 또한 미술이 치유와 회복에 도움을 주는 도구임을 발견한 사람들이 만든 미술 작품을 볼 수 있는 사이트들도 있다('예술과 치유 네트워크'는 '제4장' 참조). 이런 식으로 사이트를 방문함으로써 부여되는 사이버 과제물은 치료를 위한 원격치료 프로그램의 일부가 될 수 있으며, 내담자들이 인터넷과 웹을 활용하여 병에 대하여 연구하고 정보를 얻어서 자신의 건강을 돌보는 데 적극적으로 참여하고 공부하는 데 힘이 될 것이다.

사이버 미술치료 교육

원격교육과 멘토링 그리고 임상감독

컴퓨터와 디지털 소통 영역의 급속한 발전에는 원격교육, 특히 고급교육이 포함된다. 원격교육이란 교실 밖에서의 교육을 증대시키고 확장시키기 위해서 원격 통신과 이메일 소통 방식의 형태를 사용하는 전통 방식을 가리킨다. 최근 10년 사이에 전문학교와 대학들은 학생들에게 먼 거리에서 강사의 강의를 듣고, 개인적으로 공부하는 방법을 통해서 학사과정을 마칠 수 있다고 소개하게 되었다. 이러한 형태의 교육에는 가끔 강의(실시간 또는 비디오테이프 형식)를 담은 비디오도 포함되며, 웹사이트에는 과정에 필요한 교재와 과제 그리고 이메일이 게재된다. 이메일과 인터넷을 통해서 자료가 전자적인 방식으로 전송되는 것이 원격교육의 성장에 엄청난 영향을 미쳤다. 요즘에는 온라인에 독서와 과제가 시리즈로 나와 있고, 학생들은 완성된 프로젝트를 강사(학생의 작업을 평가하는)에게 이메일로 보낼 수 있는 과정도 있다. 또한 컴퓨터를 통한 화상회의를 비롯하여, 학생과 강사 간의 실시간 온라인 토론이 가능한 과정도 있다. 평생교육의 일환으로 몇몇 전문적인 협회가 제공하는 온라인 세미나를 활용하게 되면, 인터넷을 통해서 원하는 곳에서 자기주도적인 학습이 가능하다.

글을 쓰고 있는 지금, 나는 동료와 함께 대학원 수준의 아동 미술치료 온라인 과정을 개발하고 있다. 여기에는 석사 후 과정도 포함될 것이다. 이론적으로 살펴보면 학생들은 이메일을 통해서 나와 교류할 수 있으며, 과제물은 이메일에 첨부해 보내면 된다. 그리고 웹사이트를 방문해 관련 정보를 읽거나 주제와 관련된 문서를 다운로드할 수 있도록 구성될 것이다. 이러한 과정은 전통적인 교육 프로그램의 일부로 고안되었으며, 대면교육이 가능한 출석과정도 있다. 뿐만 아니라 전자학습 체험은 성인 학습자에게는 자신의 스케줄에 맞는 교육 기회를 제공하고, 지리적인 위치 때문에 출석 과정에서 배울 수 없는 학생들에게 강사와 공부할 수 있도록 개설된, 보충 과정이라고 할 수 있다. 사실상 이제 전문학교와 대학들은 자신의 교직원이 되기에는 너무 멀리 떨어져 사는 전문가들을 이메일을 통해 초빙하는 것이 가능해졌으며, 경제적인 방법으로도 학생들에게 배움의 기회를 주는 일이 가능해졌다.

최근 몇 년 동안 나 역시 몇몇 전문학교와 대학들의 겸임교수로서 개별 연구를 감독하고 학생위원회를 위한 논문 지도교수로 일했다. 레슬리 대학(Lesley College)에서 나는 학생들의 개별적인 연구 프로젝트를 감독해 달라는 제안을 받았다. 비록 내가 유타 주에 살고, 학생들이 매사추세츠 주에 있는 학교에 다니고 있었지만, 성공적인 공동 연구와 멘토링을 단념할 수는 없었다. 우리는 전화와 보통우편 그리고 팩스와 같은 전통적인 소통 수단을 이용했다. 그러나 먼 거리에서 감독과 멘토링을 성공적으로 할 수 있었던 이유는 이메일을 쉽게 활용할 수 있었기 때문이다. 나는 전화 통화 사이사이에 학생들에게 진척된 보고서를 보내도록 했는데, 특히 자신의 논문이나 프로젝트를 보낼 때는 이메일을 사용하도록 장려했다. 우편을 수령할 때까지 기다려야 하는 보통우편에 비해, 이메일은 학생들과 다음 통화를 준비할 여유를 갖게 해 주며, 우리의 대화를 더욱 생산적이고 만족스럽게 만들어 주었다.

미술치료 교육자이자 프로그램 감독자인 Holly Feen은 지도받는 학생들에게 이메일 주소를 일러 주면서, 전화보다는 이메일로 받는 것을 더 선호한다고 알렸다. 왜냐하면, 이메일이 방해가 덜되고, 원하는 때에 그들에게 응답할 수 있기 때문이다. Feen은 자신의 실용강좌 학생들에게 이메일을 사용하라고 요구했다(비록 모든 학생들이 그 요구를 만족시킬 수는 없지만). 스캐너를 가지고 있는 한 학생은 자신의 내담자가 만든 작품의 이미지를 보내기도 했다(비공식적 견해).

미술치료 교육자인 Kathy Gotshall은 “세인트메리우드 대학

(Saint Mary-of-the-Woods College)에 있는 미술치료 석사과정은 캠퍼스에서 수업을 받기에 시간 제약이 있는 사람들을 위한 원격 교육 형태를 띠고 있다. 이 과정은 가족이나 다른 일 때문에 전통적인 방식으로는 대학원 학위를 얻을 수 없는 사람들을 위해 고안된 것이다."(비공식적 견해)라고 말하였다. 그녀는 이 과정에서 학생과 교수 사이의 소통의 도구로 컴퓨터를 사용할 예정인데, 컴퓨터에는 데이터를 이동시키는 확실한 기능(이메일이나 디스켓 또는 CD를 통해서)이 있다고 믿기 때문이다.

컴퓨터 테크놀로지로 인하여 정보 교류와 학습에 대한 새로운 장이 열리게 되었다. 그러므로 원격학습에 대한 실질적인 가능성은 앞서 언급했듯이 과정을 통해서 시험될 것이다. 이때 다음과 같이 많은 윤리적인 문제점이 도출될 수 있다.

- 사람들은 원격학습을 통해서 얼마나 많이 배울 수 있을까?
- 미술치료의 이론과 실제에는 대인관계 기술이 포함되는데, 전자적인 소통 방식을 통해서 미술치료의 이론과 실제를 담보할 수 있을까?
- 미술 작업의 창의적인 과정이 원격학습의 일부가 되는 것이 가능할까? 비즈니스 과정과 같은 교육과정은 원격학습이 맞기는 하지만, 치료사가 되는 교육은 멘토나 숙련된 치료사 또는 감독자와 함께하는 실시간 체험에서부터 다른 학생들과 교제하는 일에 이르기까지 그 범위가 넓어서 좀 더 세심한 훈련 기술이 필요하다.

마지막으로 한마디 덧붙이자면, 완벽하지는 않지만 틀림없이 전자적인 디지털 기술을 통해서 우리가 체험할 수 있는 원격교육의 기회는 점점 더 늘어날 것이다. 아직 질적인 면에서는 한계가 있지만 전자적인 이미지 전달의 선구자인 팩스 덕분에 이미지를 빠른 속도로 주고받을 수 있다. 팩스는 보통 가정용품으로 보급되는데 전달 내용이 흐리고 흑백인 탓에 잡티가 많으며 지워지기 쉽다. 그리고 이미지를 전달할 때, 크기가 계속 문제가 된다. 그러나 스케치북 크기 이상의 이미지를 스캔할 수 있는 스캐너를 가지고 있는 사람은 별로 없다. 따라서 그 질적인 수준 또한 다양하고 이미지가 쉽게 왜곡될 수도 있으나, 디지털카메라로 찍은 뒤에 사진을 스캔하거나 이미지 상태 그대로 이메일의 첨부파일로 보내는 것이 하나의 해결 방법이 될 것이다.

가까운 미래에는 전자적인 수단을 통해서 정보와 이미지를 전달하는 작업이 완벽하지는 않을 것이다. 그러나 이러한 단점에도 불구하고, 앞으로 다가올 미래에 컴퓨터 테크놀로지가 미술치료 교육과 감독에 어떤 영향을 미치게 될지, 그리고 원격교육과 임상감독, 멘토링과 관련하여 미술치료사들이 어떤 방식으로 이들 기술을 채택하게 될지, 그 가능성에 대하여 생각해 보는 일만으로도 너무나 흥미롭다.

제7장

온라인 커뮤니케이션과 치료의 윤리적 · 법적 문제

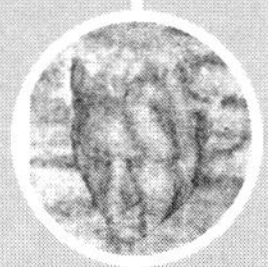

앞에서 살펴본 바와 같이, 컴퓨터 테크놀로지가 발전하면서 건강 관련 서비스나 소통과 관련된 새로운 개척자들이 많이 등장했다. 뿐만 아니라 미술치료사들이 인터넷 쇼핑에 참여하고, 자신과 기술을 증진시키며, 사이버치료를 통해서 새로운 방식으로 자신의 창의성을 탐색해 볼 기회 또한 많아졌다. 전자적인 소통 방식 덕분에 우리는 그동안 생각지도 못했던 속도와 편리한 방식으로 정보에 접근하는 것은 물론 네트워킹할 기회를 가지며, 원격학습 또한 쉽고 빠르게 받을 수 있게 되었다. 미술치료사들은 원격치료와 원격의약 분야를 통해서 정기적으로 치료실을 방문할 수 없었던 사람들과 접촉할 수 있게 되었다. 국제온라인정신건강협회(International Society for Mental Health Online : ISMHO)와 같은 조직의 활동을 살펴보면 치료적인 서비스가 어떻게 이루어져야 하는지에 관한 시각이 넓어질 것이다.

그러나 이러한 엄청난 잠재력에도 불구하고 문제점은 생기기 마련이다. 사람들을 돕는 일을 주로 하는 전문가들이 업무와 관련하여 컴퓨터와 이메일 그리고 인터넷을 사용할 때 윤리적인 문제가 발생된다. 온라인 소통 방식과 관련된 윤리적인 문제는 비밀 보장에서부터 정보의 질을 통제할 수 없는 문제에 이르기까지 그 범위가 다양하다. 또한 아직까지는 컴퓨터 테크놀로지가 사람들의 삶에 어떤 영향을 미치는지에 대하여 정의가 내려지지 않았기 때문에 문화적인 문제점도 있다.

사이버상담과 치료의 윤리적 문제점

미술치료사들이 컴퓨터와 전자 및 디지털 기술을 활용해 내담자와 작업할 때 발생하는 문제점은 특별하기는 하지만 상담이나 치료를 포함하는 어떤 인터넷이나 온라인 소통 방식에서도 생길 수 있는 일반적인 것들이다. 여기에는 비밀 보장, 신원 확인, 전자 소통의 기록 그리고 사이버치료 관계 등이 포함된다.

비밀 보장

기존 논문들(인쇄 또는 온라인 출판)을 읽어 보면, 확실히 비밀 보장이 상담과 관련된 윤리적 문제점 중에서 가장 중요한 영역을 차지한다. 비밀을 보장하고 보호하는 것은 대면 소통 방식과 비교할 때 인터넷에서 더 문제가 될 수 있다. 내담자와의 소통을 위해서 인터넷을 사용하는 한 전문가는 사이버치료나 상담에서 비밀 보장을 완벽히 하기에는 어려움이 있음을 알리고 설명해야만 한다. 잠재적인 비밀 보장의 결함을 줄이거나 제거하기 위해서 미국상담학회(American Counseling Association: ACA)와 같은 단체들은 제삼자가 정보를 유출하는 것을 막기 위해 암호화 기술을 사용하는 '안전한' 사이트나 이메일 방식을 통해서만 소통하도록 하는 규정을 장려하고 있다. 그리고 정신건강 및 보건의료 전문가들은 다음과 같이 시각적인 공지를 하라고 조언한다.

> 웹사이트나 이메일을 통해서 이동되는 정보는 안전하지 않을 수 있다. 전문 상담자의 사이트가 안전한지 여부와 상관없이, 사이버상담 중에 전문 상담사와 내담자 사이에 정보가 이동될 때는 암호화되거나, 내담자의 비밀 보장이 필요한 정보를 나누고 전달하는 데는 특별한 소프트웨어가 필요할 것이다. 만일 그렇다면 전문적인 상담자는 사이버상담 서비스의 일환으로 소프트웨어를 제공해야만 한다. 이 내용은 내담자가 정보를 보낼 모든 웹사이트와 이메일 공간에서 볼 수 있도록 공지되어야 한다(Ford, 1993, p. 3).

또한 비밀 보장이 제한될 수도 있다는 점을 반드시 밝혀야 한다. 온라인 소통 방식을 사용하는 치료사들은 내담자에게 그들의 거주지역과 전문 상담사가 자격증을 받은 지역의 법률에 대한 언급과 더불어 이러한 제한에 관하여 정보를 제공해야 한다. 만일 일반 소비자가 사용하는 온라인 분야에서 암호화하는 기술이 정기적으로 실행되지 않는다면, 이메일이 추적이나 방해를 받을 수 있을 것이다. 가입한 인터넷 서비스 업체의 관리자는 이메일 메시지를 복구할 수 있는 능력이 있다. 메일 파일은 영구적으로 저장될 수 있으며 심지어 몇 년 후에도 읽을 수 있다. 인터넷 사이트와 같이 인터넷 서비스 업체들은 항상 사용자의 이메일 파일의 복사본을 생성하도록 하는 법적인 집행이나 법원의 명령을 당연히 받아들일 것이다.

마지막으로 알아 두어야 할 점은(불안감이 최고로 높아지겠지만) 컴퓨터나 하드웨어를 팔거나 누군가에게 줘 버린다고 해도, 당신이 이미 지웠다고 생각하는 그 이메일을 누군가는 읽을 수 있다는 사실이다. 컴퓨터에 한 번 쓰인 것들, 심지어 의도적으로 저장하지 않거나 목적을 가지고 모두 지운 것들도 복구하거나 읽는 데는 최소한의 기술만 있으면 된다. 워드프로세서를 기반으로 하는 문서와 이메일을 복구하거나 읽는 데 사용되는 프로그램과 도구들은 매우 많다는 사실에 유념해야 한다.

e-커뮤니케이션과 관련된 기밀성의 기술적 한계에 대한 내용은 'http://www.ismho.org/issues/9901.htm'에서 볼 수 있다 (Grohol, 1999).

신원 확인

사이버치료 및 보건의료 서비스와 관련해서 치료사와 내담자의 치료적 관계를 확실히 해야 하는 문제가 발생할 수도 있다. 이메일이나 미술치료사의 형태로 온라인 소통을 해 본 사람이라면 참여자의 신원이 그들이 보이는 그대로가 아니라는 사실을 바로 알아차릴 수 있을 것이다. 인터넷 서비스 업체들이 온라인 별칭하에 있는 사람이 실제로 누구인지 모두 아는 일은 불가능하다. 우리들 대부분은 좋은 의도에서 온라인 파일이나 인터넷 서비스 업체의 디렉터리를 통해서 개인적인 정보가 노출되지 않는 것을 선택한다.

대부분의 환경에서 치료사나 보건의료 전문가들은 함께 작업하는 내담자가 누구인지 아는 상태에서 대면 접촉을 하고, 회기 사이사이에 보완 치료의 일환으로 온라인 소통 방식을 활용한다. 그러나 이메일을 받을 때 메시지를 보내는 사람이 정말 내가 생각하는 그 사람이 맞는지 정확하게 확증하는 일은 불가능하다. 치료사는 신원 확인과 관련하여 내담자에게 다음과 같은 사항을 알리는 것이 중요하다.

- 내담자는 자신이 보낸 정보에 접촉할 모든 전문가들의 신원에 대하여 알고 있어야 한다.
- 전문가 한 명 이상이 웹사이트나 이메일 시스템에 접속하는 상황이라면, 가능하다면 내담자는 특정 전문가에게만 직접 정보를 전달하도록 한다.
- 치료사는 내담자에게 어떤 회기나 모든 회기를 임상감독받을지 여부와 어떻게 임상감독자가 회기 기록을 보호할 것인지에 대한 정보를 내담자에게 제공해야 한다.
- 온라인 소통 방식에 접속하는 모든 전문가와 임상감독자들은 교육, 자격증, 인증서 및 임상 경력에 대한 신원 정보를 제공해야 한다(Ford, 1999).

이메일의 기록

비밀 보장에 대한 일반 원칙과 더불어 치료에서 컴퓨터 테크놀로지와 이메일의 사용은 전자적인 저장과 관련된 문제점 때문에 특별한 환경에 놓일 수 있다. 물론 다음으로만 국한할 수 있는 것은 아니지만, 기술적인 문제들은 다음과 같다.

- 암호화 소프트웨어의 사용
- 하드드라이브를 보호하기 위한 온라인 및 이메일 커뮤니케이션의 보호
- 일반 테이프나 디스켓의 백업 파일 생성
- 내담자의 허락을 받았을 때만 보호 장치를 통해서 지정된 사람에게만 비밀 정보를 전자적으로 전달

그리고 내담자에게 회기 기록을 보호하기 위한 시간이나 방법 등에 대하여 고지하는 일도 중요하다. 상담이나 치료 서비스를 관장하는 가장 전문적인 조직들은 내담자에게 기술적인 결함이나 시스템의 충돌 그리고 전자적인 정보를 전달하거나 수신할 때 지연되는 일이 간혹 또는 자주 발생할 수 있다는 경고를 하라고 충고한다(윤리강령에 관한 예는 '부록 1' 참조).

사이버상담-치료 관계의 수립

사이버치료 관계를 만들고 유지하는 방법은 내담자들과 작업하는 이메일 소통 방식이 워낙 참신한 방법이다 보니 아직 완전히 탐색되지 못한, 네 번째로 중요한 문제점이다. 그러나 다음과 같은 점들에 대해서는 몇 가지 기본적인 합의가 이루어져 있다.

- 치료사들은 사이버치료가 가능할 것인지를 결정하는, 신뢰할 만하고 적절한 접수 과정을 개발해야 한다.
- 치료사들은 내담자에게 사이버치료가 잘 맞지 않을 수도 있다는 사실을 알려 주어야 한다.
- 내담자는 사이버치료의 한계점과 위험성 그리고 이점 등에 대한 정보를 제공받아야 한다.
- 치료사는 내담자가 사이버치료를 이용할 만한 능력이 있는지 평가해야 한다.

내담자에게 사이버치료가 맞지 않는다고 결정되면, 치료사들은 즉각적으로 사이버상담 관계를 종결하거나 시작을 피해야 한다. 또한 내담자가 적절하고 대안적인 치료 방법을 통해서 치료 관계를 유지하도록 장려해야 한다.

소통 방식의 시간 계획 역시 온라인 관계에서는 중요한 요소로, 내담자가 사이버상담 서비스를 이용할 수 있는 시간이 얼마나 되는지에 대한 정보를 그들에게 제공하는 일도 빼놓을 수 없다. 여기에는 내담자의 이메일에 답하는 데 걸리는 시간과 비상 상황을 포함해서 다른 시간에 치료사와 접촉할 수 있는 수단에 대한 규정도 포함된다. 온라인 소통 방식의 합의와 관련된 윤리적인 문서를 개발해 온 대부분의 협회들은 여러 가지 이유로 온라인 서비스를 이용하지 못할 경우, 치료사는 전화번호나 호출번호 또는 다른 전문가의 정보와 같은 대안적인 수단을 내담자에게 제공하는 데 동의한다.

전문가 그룹이 윤리적 문제를 고지하는 법

최근에 온라인 소통에 참여하는 치료사와 내담자 모두를 보호할 수 있는 기초적인 가이드라인을 연구하고 개발하는 데 적극적인 조직들이 많이 생겨나고 있다. ISMHO는 그러한 조직 중의 하나로 최근 관련 가이드라인(전문은 '부록 1' 참조)을 발표했다. 이 가이드라인에는 앞서 언급한 온라인 윤리의 기초적인 원칙이 다음과 같이 반영되어 있다.

- 내담자에게 서비스 과정과 잠재적인 위험 요소 그리고 이점을 비롯하여 위험 상황에 대한 안전 수칙, 대안적인 서비스에 관한 정보를 제공한다.
- 내담자에게 e-소통 방식을 사용할 때 오해가 생길 수 있음을 설명해 준다.
- 내담자에게 치료사의 이름과 경력(학위, 자격증, 수료증 등) 그리고 특별한 훈련이나 학위를 받은 것이 있으면 정보를 제공한다. 그리고 내담자는 관련 기관(지역의 자격증 관련 위원회)에서 이러한 정보를 확인할 수 있는 방법에 대해서도 들을 자격이 있다.
- 치료사들은 온라인으로 모든 문제를 해결하기 위해서 시도해서는 안 되며, 자신의 능력의 범위를 지키도록 노력한다.
- 치료사는 서비스를 제공하기 위해 필요한 자격 조건을 자신의

거주 지역에서 충족시켜야 하며, 필요하다면 내담자의 거주 지역과 관련된 조건도 만족시키도록 한다.

- 소통 주기와 방법, 비용 및 비용 산출, 지불 방법 등을 결정하는 방식과 관련하여 치료사와 내담자 간의 소통 방식을 분명히 한다.
- 서비스를 제공하기 전에 내담자에게 적절하게 평가할 수 있는 기회를 제공한다.
- 내담자의 비밀을 보장한다.
- 온라인 서비스의 기록을 보전한다.
- 위급 상황에서 실천할 수 있는 과정을 구축한다.

'e-건강 윤리 규정(e-Health Code of Ethics)' 초안은 2000년 초반, 워싱턴 디씨(Washington D.C.)에서 개최된 'e-건강 윤리회담(e-Health Ethics Summit)'에서 만들어진 것이다. 초안은 모임에 참가한 원격의료 및 관련 분야의 전문가 그리고 이용자들에 의해 발의된 노력의 결과다. 이 초안은 아직 정식으로 승인된 것은 아니지만, 미술치료사나 다른 전문가들이 참고할 만한 윤리 및 법적 문제 그리고 이용자의 복지와 관련된 또 하나의 자원이 될 것이다(http://www.ehealthcoalition.org/community/ethics.html 참조).

미국심리학회(the American Psychological Association: APA)의 윤리위원회는 1997년, 전화와 화상회의 그리고 인터넷을 통한 서비스와 관련된 공문을 발표했다. 비록 전화와 화상회의 그리고 인터넷 서비스에 적합하도록 현재의 윤리강령을 어떻게 재정립할 것인지 살펴보라는 압력이 많지만, 기본적으로 APA는 이 시점에서는 원격치료와 관련된 정식 가이드라인을 개발하지 않기로 결정했다는 내용이었다. 현재의 상담사의 윤리원칙과 행동강령은 회원들에게 자격과 평가, 허가 정보 그리고 피해를 줄이는 범위와 문서에 관련된 항목에 대하여 언급하고 있다. APA의 태도는 본래 원격치료 서비스의 복잡성을 상징하는 것으로, 치료에 있어서 전자적인 소통 방식의 윤리에 대한 논의는 계속 진행 중에 있다.

사이버상담과 정신보건 서비스의 규제

사이버치료 서비스에 대한 규제는 비교적 적은 편이다. 기본적으로 경계를 넘나드는 인터넷의 복잡한 특성으로 인해 현재 법적인 규제는 시작 단계에 불과하다. 예를 들어, 미국에서 캘리포니아는 사이버상담을 다루는 법[캘리포니아 원격의료법(California Telemedicine Act, 1996)]을 개발한 최초의 주로서, 이 지역에서는 주 내에 살고 있는 치료사만이 주 내 거주자와 상담할 수 있다. 대부분 다른 주에는 아직 사이버치료나 상담을 규제하는 법이 존재하지 않는다. 그러나 누가 사이버상담이나 치료를 할 것인가 하는 자격 범위에 관한 것이 곧 법적이고 윤리적인 문제로 대두될 것이다. 이것은 적어도 미국에서는 미술치료 자격증이 인증된 주에 살고 있는 내담자에게만 사이버상담 서비스를 제공하도록 하는 제한이 있을 것으로 보인다. 이러한 규제가 미국의 미술치료사에게 적용될 것인가 하는 것은 중요하지 않다. 왜냐하면, 아직은 대부분의 미술치료사들이 지역(주) 자격증을 받지 않고 있고, 모든 주의 비즈니스 관련 목록에 속해 있지 않기 때문이다. 또한 자격증을 취득한 주의 내담자와 일하고 있는 치료사들 역시 내담자들이 살고 있는 지역 공동체 내에서 치료 자원을 찾는 데 익숙하지 않을 수 있기 때문이다. 이것은 위기를 자초할 수밖에 없는 중요한 문제점이 될 것이다.

그리고 치료사들은 온라인 서비스에 대해서 책임보험의 수혜를 받을 수 있어야 한다고 주장하고 있다. 앞서 언급한 바와 같이 주나 지역, 법이나 규제 그리고 법령에 의해서 금지된 서비스의 범위를 확대해서 상담과 관련된 과실 및 태만에 따른 배상책임보험(Errors and Omissions Insurance)이 온라인 서비스를 보완해 주었으면 좋겠다. 몇 년 전에 내가 들었던 과거의 과실 및 태만에 따른 배상책임보험은 특히 미술치료사에게 온라인 서비스를 보완해 주지 않는다. 내가 접촉했던 한 보험회사는 '치료'라는 단어의 사용으로 생길 수 있는 문제를 피하기 위한 방법으로 '심리학적 학습능력 평가 방법(psychoeducational)'이라는 표현의 사용을 허락하는 인터넷 서비스 업체를 찾아보라고 조언하였다.

이 글을 쓰고 있는 요즘, 미국에서 어떤 정신건강 전문가도 온라인 서비스에 관한 규약에 의해 징계 처분을 받았다거나 인터넷을 통한 치료와 관련된 과실 및 태만에 따른 배상책임보험에 관한 소송이 있었다는 소식은 아직까지 듣지 못했다.

사이버상담과 치료 서비스에 대한 미술치료 가이드라인

비록 미국에서 인터넷의 영향력이 엄청나고 광범위하기는 하지만, 이 글을 쓰고 있는 요즘 미국미술치료학회(the American Art Therapy Association)는 온라인 미술치료의 실행이나 웹을 통한 치료 서비스 광고에 대한 윤리적인 가이드라인을 아직 채택하지 않고 있다. 그러나 미국 미술치료사들의 이웃인 캐나다 북부의 미술치료사들은 이러한 주제를 연구하는 한편, 일련의 윤리적인 가이드라인을 개발하고 있다.

한편 온라인 소통, 보건의료 및 사이버치료의 윤리적인 범위를 결정하는 다른 윤리적인 강령이나 입장 천명도 있기는 하지만, 독특하게도 캐나다의 브리티시컬럼비아 미술치료협회(the British Columbia Art Therapy Association: BCATA, http://www.arttherapy.bc.ca/frames_main.html)의 가이드라인은 컴퓨터를 통해서 만들어지고, 스캔되고, 복사되고, 전달되고, 저장되는 미술 작업과 그림 이미지만으로 그 범위를 한정하는 윤리강령이다. 여기에는 컴퓨터와 전자 그리고 디지털 기술의 유지, 저장 문제를 비롯해 웹 운영과 전문성, 온라인 채팅 그리고 무엇보다도 스캔했거나 디지털로 그린 내담자의 이미지가 포함된다.

BCATA의 권고 사항을 살펴보면, 이미지의 저장 및 발송과 관련하여 비밀 보장이 이루어져야 하며, 스캔된 이미지들은 이메일과 같이 다루어져야 한다고 강조하고 있다.

그 밖에 BCATA의 가이드라인은 특별히 디지털 이미지의 독창성을 인정한다. 미술치료사들은 프린터를 이용해서 내담자의 작품을 전시하거나 재생산할 때 허락을 구하도록 하는 권고 사항에 대해 논의하고 발전시켜 왔지만, 인터넷과 웹사이트를 통해서 내담자의 작품을 전시하고 재생산하는 작업에 관한 것은 아직 일정한 동의 및 배포 형식이 정해져 있지 않다. 법적으로 전자 수단을 통해서 이미지를 전시하는 작업은 특별한 허락을 요하는데, 허락에는 일반적으로 이미지가 재생산될 특정 사이트와 환경에 대한 것이 포함된다. 왜냐하면, 문서와 이미지가 전통적인 책이나 서류, 전통 방식의 사진, 영화 또는 비디오나 전자 전송과는 다른 방식으로 전송되는 것은 전시와 복사 저작권에 대해 허락을 받아야 한다는 점에서 새로운 영역의 문을 여는 것이기 때문이다. 최근 들어 나는 아동 미술에 관한 책을 탈고했는데, 출판사 관계자는 이 책에 대한 설명을 위해서 출판사 웹사이트에 그림 중 두 개를 복사해 싣기를 원했다. 이 이미지들을 내 책에 실어도 된다고 아동과 그들의 부모에게 허락을 받았지만, 웹사이트에 그들의 그림을 싣는 것에 대해서는 별도의 허락을 받아야만 했다. 게다가 표준적인 동의 및 허가서에는 '전자 게시 및 비도서 형식'을 보장하는 허락과 관련된 내용을 한 줄 더 기입해야 한다.

예비 사이버 미술치료사를 위한 일반 윤리 원칙

온라인상의 비밀 보장뿐만 아니라, 전자적인 저장과 디지털 이미지의 전송 그리고 그 밖에 컴퓨터 테크놀로지와 관련된 윤리적인 문제점과 더불어 예비 사이버 미술치료사가 염두에 두어야 할 일반적인 사항들이 많이 있다. 물론 다음으로만 국한할 수 있는 것은 아니지만 다음과 같은 문제들이 포함된다.

- 사용하려고 하는 인터넷과 프로그램에 대한 기본적인 참고 사항을 숙지하라. 만일 미술치료 작업에 컴퓨터를 사용할 계획이라면, 윤리 및 법적인 문제를 비롯하여 작업에 관련된 실질적인 문제점을 다룰 수 있을 정도로 컴퓨터 테크놀로지와 관련된 최신 지식을 숙지하는 일이 필요하다는 것을 실감하게 될 것이다.
- 치료적인 목적에 맞추어 컴퓨터 테크놀로지를 사용하는 데 있어서 철학을 세워라. 작업에 컴퓨터 테크놀로지를 통합시키려고 한다면, 개인적으로 유용성 면에서 치료 과정을 어떻게 바라보는지, 그리고 내담자들이 이러한 형식의 상호 교류와 경험을 통해서 어떤 이익을 얻을 수 있는지 생각해 보는 것이 중요하다. 컴퓨터나 디지털 기술뿐 아니라 문자를 기반으로 하는 소통 기술도 필요하다. 이메일을 통해서 사람들과 어떻게 소통할 것인지에 대한 방식과 지식은 온라인 교류의 질을 좌

우할 것이다.

- 온라인 치료의 한계에 관하여 확신을 가지고 내담자에게 말하라. 컴퓨터와 이메일 소통 방식에 대하여 좋지 않게 여겨지는 것이 무엇인가 하는 점은 이 기술의 이점을 분명히 하는 것만큼이나 중요하다.
- 컴퓨터, 전자 및 디지털 기술 등 다양한 구성 요소에 관하여 스스로 시도해 보라. 이제는 원격치료와 원격의료의 특성에서 이용 가능한 기술과 매체를 사용하는 사람들로부터 임상 지도를 받는 일이 가능하다. 이 분야의 작업에 관심이 있는 다른 동료 치료사들의 임상 지도 역시 또 하나의 선택 요소가 될 것이다.
- 컴퓨터 중재 소통과 치료에 대한 연구에 관하여 생각하라. 예를 들어, 한 연구에서는 인터넷 사용이 많아질수록 가족 구성원 간의 소통이 줄어들고, 사회활동 반경이 작아지며, 우울감이 증가한다고 하였다(Kraut et al., 1998). 그러나 다른 연구에서는 사회적인 기술을 수립하기 위하여 컴퓨터 중재 소통 방식을 사용했더니 사회적 네트워크가 증가했으며, 인터넷이 광범위한 공동체 조성을 가능하게 했다는 결론이 나왔다. 컴퓨터가 지역사회와 학교 그리고 지지 그룹 등 기존의 공동체를 강화하는 데 유용하다는 것이다(Michaelson, 1996). 컴퓨터 기반 상담과 치료에 대한 연구는 현재 극히 제한적이어서 컴퓨터를 통한 미술치료의 활용에 대한 연구 결과는 아직 미흡한 상태다.

- 사이버 미술치료가 촉감적인 측면에서 제한적이라는 문제에 관하여 탐색하라. 예를 들어, 이러한 형태의 기술에 과도하게 노출되는 아동들은 덜 창의적일 수 있다. 왜냐하면, 기본적으로 미술 작업처럼 손으로 하는 활동에서 멀어지도록 부추김을 당할 수 있기 때문이다(Kramer et al., 1995). 또한 누구나 동등하게 접속이 가능하고 문화적인 선호도에 따른 차이점이나 사회경제적인 문제가 있지는 않은지도 탐색해 보아야 한다. 비록 보건의료 분야 종사자를 비롯한 많은 전문가들이 디지털 세계나 인터넷에 접속하거나 사용하는 데 능숙해지기를 바라지만, 사회경제적인 요인과 그 밖의 영향으로 인하여 일반화될 수는 없다. 이것은 분명히 이러한 기술에 접근할 수 있는 권리를 누리지 못하는 사람들이 누구인가에 대한 의문을 반드시 불러일으킬 것이다.
- 치료와 소통에 있어서 컴퓨터 테크놀로지가 어떨 때 문화적으로 적절히 도움이 될 수 있는지 생각해 보라. 이 책의 초반에서 나는 가출 청소년 쉼터에서 10대 그룹과 이메일을 활용한 경험을 언급했다. 비디오 게임이나 기타 전자 매체와 같이 컴퓨터가 언어이자 일상이 되어 버린 청소년들의 수가 증가하고 있으며, 성인들도 마찬가지다. 특정한 청소년 그룹과의 작업에서 치료사들은 인터넷 소통 방식을 통해 그들과 효과적으로 교류할 수 있다.
- 사이버 미술치료에 관하여 너무 엄격하게 속단하지 마라. 컴퓨터 테크놀로지가 얼마나 단점과 결함이 있는지뿐만 아니라

미술치료 작업에 얼마나 도움이 되는가에 대해서도 마음을 열어라.

앞서 설명한 것들은 컴퓨터 테크놀로지가 일반적인 소통에 미치는 영향에 대하여 생각하거나 미술치료 내담자들에게 컴퓨터 테크놀로지를 적용하려고 할 때 생기는 윤리적인 의문점 중 소수에 불과하다. 사이버치료에 포함되는 윤리적이고 법적인 문제에 대한 독자의 연구를 돕기 위하여 '부록'에는 치료와 상담 그리고 원격의료에 대한 윤리강령을 실었다. 각각의 윤리강령에는 웹 주소가 쓰여 있다. 또한 이 사이트를 방문하면 이메일 소통 방식과 사이버치료, 보건의료 분야를 위한 윤리적 규범 및 권고 사항과 관련된 변화상과 최신 현안을 파악하는 데 도움을 받을 수 있다.

부록

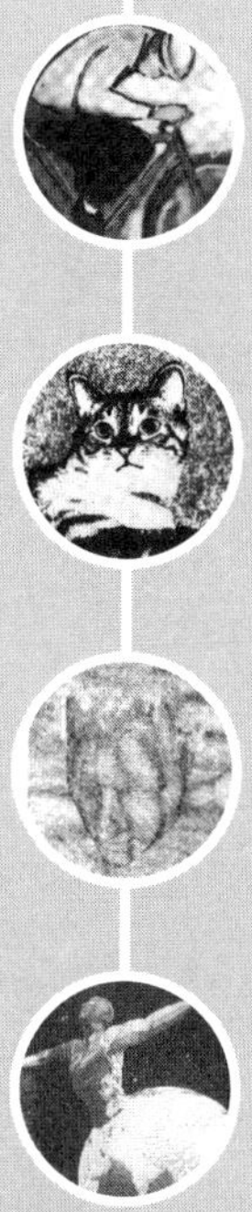

부록 1

온라인 치료의 윤리강령

테크놀로지 가이드라인: 윤리적 실천을 위한 BCATA의 권고

(http://www.arttherapy.bc.ca/frames-main.html)[1]

Monica Franz(미술치료사, 윤리위원회 공동 회장), Sandy McCartie(미술교사, 윤리위원회 공동 회장), Coleen Gold(미술치료사, 윤리위원회 회원), Sharon Skyward(윤리위원회 회원)

서 론

우리는 전문가 공동체로서 직무의 모든 면에 적용되는 전문적인 실행 기준을 따라야 할 책임이 있다. 이러한 지침들은 브리티시컬럼비아 미술치료협회(The British Columbia Art Therapy Association: BCATA) 윤리강령의 목적을 반영하고 권장하기 위해 작성된 것이다. '과실 및 태만에 따른 배상책임보험(Errors and Omissions Insurance)'의 보상 범위는 보험회사와 관계없이 컴퓨터를 사용하는 형태와 적용 양상에 따라 다를 수 있음을 숙지해야 한다. 그러므로 자신의 치료 작업에 컴퓨터 테크놀로지를 사용하는 모든 사람들은 특정한 사용 목적이 보험의 특별한 보상 범위에 맞는지 상담해 볼 것을 권고하는 바다.

1) 브리티시컬럼비아 미술치료협회의 허가를 받고 게재함.

급속도로 변화하는 기술 환경에 맞추어 이 문서는 정기적으로 개정되고 수정될 것이다.

1. 기술 유지 및 관리

개인 미술치료사들은 BCATA 윤리강령에 따른 기술 사용 규약을 준수하는 데 필요한 적절한 훈련 방법을 찾아내고, 지원 서비스를 개발하고 확보할 의무가 있다.

예방 대책

- 소프트웨어 프로그램을 포함하여 컴퓨터 관련 지식을 확보한다.
- 기술적인 문제가 발생했을 때 파일 보안에 필요한 서비스를 확보한다.
- 기술적인 진보에 발맞추기 위하여 컴퓨터 관련 교육과 기술을 갱신해 나간다.
- 윤리강령과 기술 지침에 따른 기술 사용 방법에 대하여 지속적인 통보를 받는다.

2. 컴퓨터 파일과 컴퓨터 그리고 네트워크

사용자의 파일이 단일 컴퓨터 혹은 네트워크에 연결된 컴퓨터 하드드라이브에 저장되어 있을 때 위험할 수 있다.

예방 대책

- 비밀번호 보안 파일: 미술치료 공문서, 치료 파일, 리포트, 이미지 그리고 기타 치료 작업 관련 파일은 네트워크의 연결 여부와 상관없이 해킹에 대한 보안성을 갖추고 있어야 한다. 특히, 코드는 파일을 확인하는 데 사용되기 때문에 사용자의 신원이 드러나서는 안 된다. 네트워크 접근 보안(다음 참조)은 불순한 사용자와 네트워크 관리자가 파일에 접근하는 것을 막지 못하기 때문에, 파일 보안과 함께 네트워크 접근에 대한 보안 역시 이루어져야 한다.
- 비밀번호는 컴퓨터와 네트워크에 로그인 혹은 접속할 때 보호 역할을 한다. 비밀번호는 파일에 접근하는 것을 제한하여 파일 이름과 날짜가 노출될 수 있다는 취약점과 사고 혹은 홧김에 삭제하는 등의 행위로부터 보호해 준다. 컴퓨터 통신망과 연결된 환경에서 비밀번호를 사용하는 접속은 파일과 파일 목록의 해킹을 방지한다. 파일 목록 내에서 내담자의 이름이나 치료상 기밀 정보가 존재하는 경우는 비밀번호로 보호되는 로그인이 필요하다. 독립형 컴퓨터의 접속 또한 비밀번호로 보호되어야 한다. 파일을 보호하는 적당한 방법으로는 비밀번호로 보호되는 백업 디스켓을 만들고, 이것을 안전한 장소(예, 잠금 선반)에 보관하는 방법이 있다.
- 암호화 프로그램을 사용한다.
- 한곳에서 다른 곳으로 디스켓을 안전하게 옮기는 수단을 확보

한다(예, 우편으로 보내는 것을 피하고 급송 택배만 이용한다).

3. 기술적 결함과 컴퓨터 바이러스

파일의 내부 보안은 기술적 결함과 컴퓨터 바이러스로 인해서 위험한 상황에 놓일 수 있다.

예방 대책

- 내담자들이 데이터를 입력하는 데 사용되는 모든 컴퓨터에 바이러스 백신 프로그램을 설치한다.
- 하드드라이브의 모든 파일을 백업 디스켓에 저장한다.
- 디스켓이 주된 저장 매체라면 백업 파일을 만든다.

4. 이메일

내담자의 정보나 미술 작품을 이메일을 통하여 전송하는 작업은 인증받지 않은 불순한 개인에 의해 열람되거나 조작될 위험성이 크다. 즉, 미술치료사들이 적절한 사전 조치 없이 이메일이나 미술 작품을 전송하다 보면 내담자의 기밀성이 침해받을 위험에 노출될 수 있다.

예방 대책

- 내담자의 정보 혹은 미술 작품을 이메일을 통해 전송하는 것에 대한 동의를 얻었는지 확인한다.
- 내담자의 정보나 미술 작품을 이메일을 통해 전송하기에 앞

서, 내담자가 이메일 전송에 내재해 있는 위험뿐 아니라 다음과 같은 위험을 감수할 것인지에 대한 동의를 얻는다.

- 미술치료사들이 내담자의 비밀 보장 권한을 지키기 위해 취하는 모든 예방 조치에 대하여 만족한다.
- 예방 조치 중 하나 혹은 그 이상이 부재하는, 보안이 의심되는 상황에 대해 인식한다.

• 신원과 관련된 정보를 암호화하거나 삭제한다.

- 다른 보안 방법의 일환으로, 이메일을 전송받는 사이트로 보내질 내담자의 이름과 신원 정보를 파악할 수 있는 수치 혹은 문자 코드를 암호해독 프로그램으로 대체한다.
- 미술 작품을 스캔하거나 전송하기 전에 작품에 적혀 있는 내담자의 이름을 삭제한다. 암호해독 프로그램은 어떠한 전자 기기에도 저장되어서는 안 되며, 내담자의 파일과 안전하게 분리되어 있어야 한다.

• 암호화 프로그램을 설치한다.

• 이메일을 전송받는 사이트의 보안에 대해 알아본다. 전송받는 컴퓨터 사이트와 이 컴퓨터에 접속할 수 있는 개인이 이메일의 비밀 보장과 보안 관리에 대하여 책임이 있다는 점을 자각하고 있는지 확인한다.

• 파일 목록 단계의 비밀번호 보안은 비밀번호를 가지고 있는 파일에만 접근을 허용함으로써 가능하다. 더불어 내담자의 기밀 정보를 노출하지 않도록 하기 위하여 파일 목록 내의 파일 이름은 숨기는 것이 좋다.

• 이메일을 보내는 사이트의 데이터 관리 상황을 확인한다. 이는 컴퓨터 데이터의 저장 공간의 보안 품질과 이것에 접근 가능한 관련 직원을 제한하는 것을 가리킨다.

5. 노트북 보안

휴대용 컴퓨터는 도난, 분실 및 고장에 취약하기 때문에 컴퓨터에 저장되어 있는 내담자의 정보에 대한 보안 기능이 제대로 발휘되지 못할 수 있다.

예방 대책

• 집이나 사무실 관련 보험의 보상 범위에 노트북과 디스켓의 분실, 도난, 고장이 포함되는지 확인한다.
• 노트북을 운반할 때는 보안 가방이나 상자를 이용한다.
• 컴퓨터에 부착했다가 강제로 떼어 내게 되면 '도난 물품'이라는 자국이 남는, 알루미늄 판을 구입한다.
• 접속이 제한되도록 비밀번호를 설정해 둔다.
• 암호 프로그램을 설치한다.
• 디스켓을 주기적으로 백업한다.
• 집 혹은 사무실 밖에서 사용할 때는 잠금 장치를 사용한다.

6. 팩스와 전화 관리

전화, 특히 휴대전화와 팩스로 전송되는 정보와 미술 작품은 비밀 보장 권한을 침해받을 위험에 놓일 수 있다. 오히려 일반 전화선을 사용하는 팩스의 경우 전송 면에서 비교적 안전하다.

예방 대책

- 팩스로 정보를 전송하기 전에 수신될 번호를 다시 한번 확인한다.
- 팩스를 보내기 전에, 특히 전송받는 팩스가 공공장소에 위치하는 경우, 받는 사람에게 전화를 걸어 보내기로 한 시각에 직접 팩스를 받을 수 있는지 확인한다.
- 아날로그 휴대전화를 사용하는 경우, 내담자의 신원 혹은 비밀 보장 권한을 침해할 수 있는 정보의 사용을 피한다.
- 디지털 기술을 사용하는 휴대전화의 경우, 암호를 사용하기 때문에 안전하다. 그러나 디지털 휴대전화 회사 중에는 종종 사용자도 모르게 아날로그 기술을 사용하는 경우도 있다. 이러한 경우, 앞서 언급한 아날로그 휴대전화의 경우와 같이 주의를 기울인다.

7. 내담자의 작품 중 스캔된 이미지

내담자의 미술 작품의 기밀이 저장 방법과 전송 방법에 따라 위험에 노출될 가능성이 있다.

예방 대책

- 스캔된 내담자의 작품 이미지는 컴퓨터 파일이나 디스켓으로 저장할 때 비밀번호를 사용해 잠금 설정을 해야 한다('2. 컴퓨

터 파일과 컴퓨터 그리고 네트워크' 관련 항목 참조).

- 스캔된 내담자의 작품 이미지는 '4. 이메일' 관련 지침에 따라 전송되어야 한다.

8. 디지털 이미지

디지털 기술이 사용된 원본 또는 복제된 미술 작품의 기밀은 저장 방법과 전송 방법에 따라 위험에 노출될 가능성이 있다.

예방 대책

- 미술 작품을 복제하기 전에 내담자의 서면 동의서를 얻어야 하며, 방식은 통보된 동의서의 내용을 충족시키기 위해 더욱 세분화되어야 한다.
- 내담자의 다른 전자 문서와 마찬가지로, 그들의 미술 작업의 디지털 복제품 또한 '2. 컴퓨터 파일과 컴퓨터 그리고 네트워크' 관련 항목과 마찬가지로 암호화된 잠금 설정을 해 놓아야 한다.
- 컴퓨터 보조 디자인(Computer Assisted Design: CAD) 프로그램을 사용해 만들어진 내담자의 작품은 암호화된 잠금 설정을 한 후에 저장되어야 한다.

9. 웹상담 또는 웹치료

웹상담은 '내담자와 상담사가 서로 멀리 떨어져 있거나 거리상 인접하지 않은 곳에 위치해 있을 때, 서로 소통하기 위해 인터넷상의 전자 매개체를 이용하는 전문적인 상담의 실행과 정보의 전달'(Bloom, 1997)로 정의된다. 이러한 방식의 상담에는 내담자와 상담사 모두의 신원 확인, 상담사의 전문가적인 자격 입증, 미성년자 상담을 위한 안전한 허가, 고객의 비밀 보장, 긴급한 상담 서비스를 제공하기 위한 책임감 있는 규정, 내담자를 위한 웹상담에 대한 적절한 책임보험의 적용 범위가 내담자의 거주 지역 내에서 제대로 적용되고 있는지에 대한 문제 그리고 온라인상의 기술적 결함을 위한 규약의 제정과 같은 윤리적인 문제점이 몇 가지 포함된다.

예방 대책

- 전문적이고 윤리적이며 합법적인 실행 기준에 대한 정보를 수집하고 준수한다. 또한 내담자가 살고 있는 지리적인 위치에 적용되는 문화적 차이를 고려한다.
- 내담자에게 미술치료 작업과 관련하여 적절하고 전문적인 등록협회의 주소를 제공한다.
- 미성년자에 대한 웹상담을 시작하기 전에 그들의 법적 보호자의 서면 동의서를 얻는다.
- 내담자와 상담사 사이에 숫자나 문자로 된 신원 확인 시스템을 구축한다.
- 내담자와 인접한 지역에서 긴급 상담을 해 줄 수 있는 전문가에 대한 정보를 내담자에게 제공한다.
- 웹사이트 고객이 사용할 수 있는 초기 상담과 평가도구를 구축한다.

- 웹사이트 상담으로 적합하지 않은 문제(자살 충동, 정신질환 등)를 확실히 한다.
- 온라인상에서 기술적인 문제가 발생했을 때 차선책으로 사용할 수 있는 소통 수단을 내담자와 함께 개발하고 논의한다.
- 과실 및 태만에 따른 배상책임보험의 책임 한도를 준수하는 상담이 무엇인지 신중히 고려한다.

10. 웹사이트 관리

미술치료사는 BCATA 윤리강령을 준수하여 웹사이트의 홍보와 마케팅을 해야 할 의무가 있다.

예방 대책

- 광고에 관한 별도의 BCATA 윤리강령을 따른다.
- 개인 홈페이지(특히, 개인 정보 공개 수준에 대해 인식하고 있어야 한다)를 만들 때 프로 정신을 발휘한다.

11. 릴레이 인터넷 채팅

전송이 지연되는 비동시성 이메일과는 다르게 채팅은 '순식간에' 일어난다. 이 즉각적인 전송은 실행에 필요한 전문적 기준과 관련하여 몇 가지 문제점을 내포하고 있다. 기밀성을 보장하는 구체적인 약속(개인적이고 안전한 '채팅 공간'에서 만나는 것과 같은)이 존재하지 않는 한, 채팅은 일반적으로 기밀성을 보장받지 못한다.

예방 대책

- 채팅과 같이 비공식적인 환경이 주어졌을 때, 전문적인 미술치료사들은 전문적인 교류와 관련하여 BCATA의 윤리강령에 포함된 일반적인 실행 지침을 따르는지 확인해야 한다.
- 다음과 같은 상황이 아니면 내담자와 논의하기 위한 토론 광장으로 릴레이 인터넷 채팅은 금한다.
  - 기밀성이 보장된다.
  - 내담자의 서면 허락이 있다.
  - 모든 대화와 작품 이미지에서 내담자의 신원을 나타낼 수 있는 정보가 모두 제거된 상태다.

BCATA 기술 지침 정보에 대한 의견서

귀중한 시간을 내어 질문에 답해 주시는 분들께 먼저 감사의 말씀을 드립니다. 우리 BCATA는 당신이 전문 미술치료사로서 자신의 업무에 기술 지침을 적용하는 일과 관련된 의견을 주시면 어떤 내용이라도 유용하게 사용하겠습니다.

- 이 정보가 전문 미술치료사로서 당신이 현재 작업하고 있는 일에 유용합니까?
- 만약 현재 유용하지 않다면, 미래에는 유용할 것이라고 예상합니까?
- 당신은 앞으로 이 문서에 어떠한 내용이 포함되기를 원합니까?

- 내용이 너무 전문적이거나 혹은 전문적이지 못하다고 생각합니까?
- 당신이 컴퓨터 테크놀로지를 사용하는 환경에서 작업하면서 겪었던 윤리적 혹은 전문적 기준 중 이 문서에 포함되지 않은 것이 있습니까?
- 당신은 앞으로 사이버 미술치료에 참여할 계획입니까?

아래로 답장해 주시면 감사하겠습니다.

(BCATA Technology Guidelines, #123, 101-1001 West Broadway, Vancouver, BC V6H 4E4 CANADA)

온라인 치료 및 상담 그리고 건강 서비스를 위한 기준과 지침

ISMHO에서 제안하는 정신건강 서비스 관련 원칙

(http://www.ismho.org에서 이용 가능함, 협회의 허락을 얻어 전재함)

국제온라인정신건강협회(International Society for Mental Health Online: ISMHO)는 2000년 1월 9일, 다음과 같은 원칙에 합의했다. 이것은 현재 유일하게 허가받은 공식 문건이다. 온라인 정신건강 서비스는 종종 개인에게 제공되는 전통적인 정신건강 서비스에 수반되는 경우도 있지만, 온라인 서비스가 유일한 치료 방법일 때도 있다. 이 원칙은 정신건강 서비스의 온라인 조항과 직접적으로 관련된 서비스의 실행에 관한 것이다. 치료적인 기술에 관련된 질문은 우리의 영역 밖이다. 우리가 주로 사용하는 '서비스' '내담자' 그리고 '상담사'란 용어는, 용어가 지니는 포괄성과 간편성 때문에 사용되는 것일 뿐 다른 치료 분야의 전통적 혹은 독특한 특징에 대해서 경시할 의도는 전혀 없음을 밝힌다.

1. 내담자의 동의

내담자는 온라인 정신건강 서비스를 받는 것에 대한 동의를 하기 전에 다음 사항에 대하여 통지받아야 한다. 특히, 치료 과정과 상담사, 서비스의 잠재적 위험성과 혜택 그리고 위험에 대한 안전 대책 및 대안적인 서비스에 대한 정보를 제공받아야 한다.

1) 과 정

① 오해의 가능성

내담자는 이메일(몸짓이나 표정과 같은 비언어적 단서가 부족한)과 같은 문자 기반의 수단을 사용하거나 화상회의(최대 전송 속도에 의해 제한받는) 방식을 사용할 때 오해가 생길 수도 있다는 점을 지각해야 한다.

② 회송 시간

비동시적('실시간'이 아닌) 소통 방식을 사용하는 정신건강 서비스 조항 중 한 가지 쟁점은 바로 회송 시간이다. 예를 들어, 내담자는 이메일을 보낸 후 언제쯤 답변을 받을지에 대한 정보를 제공받을 권리가 있다.

③ 상담사의 사생활

상담사의 사생활은 개인적인 것보다는 온라인과 관련된 문제로 경계를 설정한다. 상담사는 사생활을 가질 권리가 있으며, 내담자와 나눈 대화의 복사본 혹은 녹음 등의 사용을 제한하고 싶을 수 있다. 다음에 제시되는 내담자의 기밀성 부분을 참고하면 좋겠다.

2) 상담사

상담사와 내담자가 개인적으로 만나지 않는다면, 내담자는 상담사를 평가할 수 있는 기회가 적어서, 이 상담사에게 치료를 받을 것인지, 말 것인지를 결정하기 어려울 수 있다.

① 이 름

내담자는 상담사의 이름이 무엇인지 알아야 한다. 온라인에서 익명을 사용하는 것은 매우 일반적이지만, 내담자는 자신과 상담하는 상담사의 실명이 무엇인지 알 수 있어야 한다.

② 자 격

내담자는 상담사의 자격에 대한 정보를 알아야 한다. 자격의 예로는 학위, 면허증, 수료증을 들 수 있다. 상담사는 자신이 받은 특별한 교육이나 임상 경험에 대한 추가 정보를 제공할 수도 있다.

③ 자격 확인 방법

내담자가 상담사의 자격을 확인할 수 있도록 상담사는 관련 기관의 웹 페이지 주소와 전화번호를 제공해야 한다.

3) 잠재적 혜택

내담자는 온라인 정신건강 서비스의 잠재적 혜택에 대하여 알고 있어야 한다. 혜택에는 상담사가 적절하다고 생각하는 온라인 정신건강 서비스의 조건과 이러한 온라인 서비스를 통하여 가능한 혜택이 포함된다. 예를 들어, 이메일의 잠재적인 혜택은 다음과 같다.

첫째, 어느 때나 메시지를 보내거나 받을 수 있다. 둘째, 매개물을 통하여 메시지를 남길 필요가 없다. 셋째, 음성 메시지와 '부재중 상황'을 피할 수 있다. 넷째, 글을 작성하는 데 원하는 만큼의 시간을 가질 수 있고 기존 메시지를 다시 볼 수 있다. 다섯째, 추후에도 볼 수 있도록 메시지가 자동으로 기록된다. 여섯째, 사람들과 직접 대면했을 때보다 덜 어색할 수 있다.

4) 잠재적 위험

내담자는 온라인 정신건강 서비스의 잠재적 위험에 대해 알고 있어야 한다. 그렇지 않은 경우, 이메일의 잠재적 위험 요소로 메시지가 전송되지 않거나 기밀성이 침해받을 수 있다. 잘못된 주소(이 경우 또한 기밀성이 침해될 수 있다)로 이메일이 전송되는 경우가 발생할 수 있으며, 상담사가 미처 이메일을 확인하지 못할 수도 있다. 내담자의 기밀 정보는 해커나 인터넷 서비스 제공자 혹은 이메일 계정을 알고 있거나 내담자의 컴퓨터에 접속이 가능한 사람들에 의해 침해당할 수 있다. 가족, 학생, 도서관 이용자들과 컴퓨터를 함께 사용하는 경우 추가적인 안전장치의 도입을 고려해 볼 필요가 있다.

5) 안전장치

내담자는 잠재적인 위험에 대비하여 자신 혹은 상담사가 만들어 놓은 안전장치에 대한 정보를 사전에 알아 두어야 한다. 예컨대, 이메일을 보낼 때마다 '수신 확인'을 해 볼 수 있으며, 컴퓨터에 접속하는 데 비밀번호가 필요하다거나, 설치는 어려워도 암호화 프로그램이 사용될 수 있다.

6) 온라인 상담의 대안

내담자는 온라인 정신건강 상담의 대안에 대해 익히 알고 있어야 한다. 이에 대한 대안으로는 직접적인 개인상담을 받거나, 친구 혹은 가족들과 대화를 나누거나, 운동 혹은 명상을 하거나, 아무것도 하지 않는 것 등이 있을 수 있다.

7) 대리인의 동의

몇몇 내담자의 경우 자신들이 정신건강 서비스를 받는 것에 대해 동의 자격을 갖지 않을 수도 있다. 이러한 경우에는 그들의 부모, 법적 보호자 혹은 기타 공인 기관으로부터 동의를 얻어야 하며, 이들의 신원은 반드시 확인되어야 한다.

2. 표준 실행 절차

일반적으로 상담사는 개인에게 온라인 정신건강 서비스를 제공할 때 항상 동일한 절차를 따라야 한다.

1) 능력의 범위

상담사는 자신의 능력 범위 내에서 서비스를 제공해야 하며, 만약 본인이 특정 문제를 다룰 능력이 없다면 온라인 정신건강 상담을 해서는 안 된다.

2) 실행에 필요한 조건

상담사는 그들의 거주 지역에서 정신건강 서비스를 제공하기 위하여 필요한 조건(예, 면허증)을 충족시켜야 한다. 실제로 내담자에게 정신건강 서비스를 합법적으로 제공하기 위해서는 내담자의 거주 지역의 조건 역시 충족시켜야 한다.

3) 온라인 서비스의 구조

상담사와 내담자는 소통 방식과 회기 수, 진료비, 내담자가 부담해야 하는 비용, 지불 방법에 대해 서로 의견이 일치해야 한다.

4) 평 가

상담사는 온라인으로 정신건강 서비스를 제공하기 전에 내담자에 대한 적절한 평가를 시행해야 한다. 내담자는 평가가 온라인 소통 방식에 도움 혹은 방해가 될 수 있다는 점을 이해해야 한다.

5) 내담자의 기밀성

내담자의 기밀성은 보호되어야 한다. 내담자에 대한 정보는 그들의 허락이 있을 시에만 공개된다. 이것이 일반적인 상황이지만, 특별한 상황이 발생한 경우에 내담자는 그 내용을 알 권리가 있다.

6) 기 록

상담사는 온라인 정신건강 서비스에 대한 기록을 남겨야 한다. 만약 이러한 기록이 내담자와의 대화 내용을 포함하고 있다면 내담자는 그 내용을 알 권리가 있다.

7) 지 침

상담사는 당연히 자신에게 적용될 법에 대하여 파악하고 지침을 준수해야 한다.

3. 비상사태

1) 절 차

비상사태 시에 따라야 할 절차는 논의될 필요가 있다. 이러한 절차에는 상담사가 즉각적으로 메일 등을 받지 못하는 상황이 벌어질 경우, 대신 받을 수 있는 현지 지원이 포함된다.

2) 현지 지원

온라인 정신건강 서비스와 관련된 또 다른 쟁점은 상담사가 내담자로부터 굉장히 먼 거리에 살고 있을 수 있다는 점이다. 이로 인해 상담사가 응급 상황에 대처할 수 있는 능력이 제한될 수 있다. 이러한 상황에 대처하기 위해 상담사는 내담자의 거주 지역의 현지 정신건강 상담사의 이름과 전화번호를 알고 있어야 한다.

웹상담의 실제를 위한 규범

(http://www.nbcc.org/ethics/wcstandards.htm에서 이용 가능함, 협회의 허락을 얻어 전재함)

인터넷을 사용해 서비스나 상품을 제공하는 비교적 새로운 방법은 법규 입안자들이 인터넷상에서 새로운 윤리적인 일을 해 나가기 시작할 때 손실을 가져오기도 한다. 따라서 정보와 상황이 새로운 방식으로 전개되면 다른 실행 강령과 같이, 이 문서의 내용은 변경될 수 있다. 이 윤리강령 공식 문건은 전국공인상담사협회(the National Board for Certified Counselors: NBCC) 이사회에서 제공한, 현실에 가장 적합한 실행 기준이다. NBCC와 CCE가 더 나은 논의와 보충 작업, 즉 이 분야의 발전을 위해서 만들어진 것이라면 어떠한 의견이나 아이디어도 환영한다.

아울러 이러한 웹상담 규범의 발전은 다음에 이어지는 원칙에 따라 이루어질 것이다. 이 원칙은 웹상담과 상담사에게만 해당되는 특수한 사항을 위해 만들어진 실행 기준이다. 이것들은 다른 윤리강령의 적용을 받는, 인터넷과 관련 없는 규범이 재사용되는 것을 방지하기 위해 만들어졌다. 핵심적인 신기술이 계속해서 개발되는 것을 고려하여 이러한 기준은 자주 재고되어야 한다. 웹상담 윤리 문제는 전송 시스템과 관련하여 검토되어야 한다. 그리고 전송 시스템과 관련된 기준은 도입 시기보다는 실행 시점에 맞추어 검토되어야 한다. 국가 인증을 받지 않은 상담자들이 자신의 웹사이트에 이러한 규범을 지지한다는 사실을 공지해도 좋다. 그러나 NBCC의 서면 허가서 없이 이러한 기준을 그대로 옮겨 공표해서는 안 된다.

웹상담의 실행은 '내담자와 상담사가 서로 멀리 떨어져 있거나 거리상 인접하지 않은 곳에 위치해 있을 때, 서로 소통하기 위해 인터넷상의 전자 매개체를 이용한 전문적인 상담의 실행과 정보의 전달'로 정의될 수 있다. 더불어 상담사들이 NBCC의 전문적인 윤리강령을 준수하면서 상담을 지속적으로 해 나가기 위해서는 다음 사항을 염두에 두어야 한다.

- 웹상담이나 감독의 진행 시 발생할 수 있는 법률적 위반 문제와 관련하여 적절한 윤리적 · 합법적 조례를 검토한다. 과실 및 태만에 따른 배상책임보험 정책은 웹상담의 실행이 보험 대상인지 결정하기 위해 검토되어야 한다. 전문 가입 단체, 전문적 인증 단체 그리고 주나 지방의 자격인증위원회의 조례와 더불어 지역, 주, 지방, 국가적인 법령 또한 검토되어야 한다. 또한 웹상담이 상담사나 내담자의 거주 지역 중 어디서 이루어져야 하는지에 대한 확실한 근거가 없기 때문에, 상담사는 상담이 가능한 내담자의 연령과 아동학대 보고와 관련하여 지

역적 관례를 주의 깊게 검토해 보아야 한다.

- 내담자에게 내담자나 상담사, 감독자와의 소통 시 보안을 지키기 위해 사용되는 암호화 방법을 고지하여야 한다. 암호화 방법은 가능한 한 항상 사용되어야 한다. 만약 암호화하는 것이 불가능하다면, 내담자는 인터넷상에서 보안되지 않는 소통이 지닐 수 있는 잠재적인 위험에 대해 미리 통지받아야 한다. 잠재적인 위험은 웹상담 동안 실시되는 공인된 혹은 공인되지 않은 웹상담의 녹음 또는 모니터링된 자료의 송신 과정에서 발생할 수 있다.
- 내담자에게 상담 회기 자료가 어떻게 그리고 얼마나 오랫동안 보관될 것인지 알려 주어야 한다. 상담 회기 자료는 상담사나 고객의 이메일, 평가 결과, 오디오나 비디오를 활용한 회기의 녹음 혹은 녹화 자료 그리고 상담사와 임상감독자의 소통 내역 등이 포함될 수 있다. 이처럼 온라인상의 회기가 보관될 가능성이 더 큰 이유는 웹상에서는 녹음이 더 쉽고 비용도 적게 들기 때문이다. 그러므로 그것이 임상감독이나 연구 그리고 법적 소송 절차에서 이용될 잠재적인 가능성이 큰 것이다.
- 상담사나 내담자의 신원이 입증되기 어려울 때, 단어나 숫자, 그림을 이용하여 신원을 입증하는 방법을 사용한다.
- 웹상담을 미성년자에게 제공하기 위해 부모나 보호자의 동의가 필요할 때, 동의자의 신원을 확인한다.
- 내담자의 정보를 다른 전자 매체와 공유하기 위해서 정보를 유출할 때는 적절한 절차와 과정을 따른다. 이메일 메시지는

공식적이고 우발적으로 전송되기 쉽기 때문에, 상담사는 상담을 하는 내담자와의 관계에서 반드시 기밀성을 보장해야 한다.

- 내담자에게 상담사의 신상 정보가 어느 정도 노출되어야 하는지에 대해 신중히 생각하고, 내담자에게 상담사의 신상 정보 노출의 범위에 대한 근거를 밝힌다. 상담사는 적어도 직접 대면하고 상담을 실행할 때와 같은 양의 정보(인종, 성별 등)가 노출되는 것을 보장받고 싶을 것이다. 정보 노출에 제한을 두는 이유에 대한 확실한 근거가 제시되어야 한다. 상담사는 자신과 가족을 위험에 처하게 할 수 있는 신상 정보의 노출을 제한함으로써 부도덕한 인터넷 이용자로부터 스스로를 보호해야 한다.
- 소비자 보호를 촉진하기 위해 모든 적절한 인증기관과 자격위원회의 웹사이트 정보와 연결되도록 한다.
- 내담자와 가까이 위치하고 있는, 적어도 한 명의 대기 상담사의 이름을 확보하기 위해 NBCC나 CCE 또는 내담자의 거주 지역의 자격위원회와 접촉한다. 자발적으로 기꺼이 대기 상담사 역할을 하기로 한 사람과 접촉(본인이 직접 전화상으로 또는 이메일을 통해서)한 상담사는 대기 중인 상담사가 자리에 없을 때를 대비해 갑작스러운 사고가 일어났을 경우 접촉할 수 있는 119와 같은 긴급구조 번호를 제공해야 한다.
- 상담사가 자리에 없을 때 내담자가 상담사와 접촉할 수 있는 과정을 논의한다. 이것은 상담사가 이메일 메시지를 정확히

얼마나 자주 확인하는지 알려 주는 것을 의미한다.

- 웹상담에서 다루기 부적절하다고 생각되는 문제를 웹사이트에 언급해 놓아야 한다. 현재까지 결정적인 조사가 이루어지지 않은 문제로 가장 주요한 문제는 성폭력, 폭력적 관계, 섭식장애 그리고 현실 왜곡을 동반한 정신장애 등이 있다.
- 상담사는 발생 가능한 기술적 결함을 내담자에게 설명해야 한다.
  - 문제가 생겼을 때 내담자가 연락할 수 있는 방법을 안내한다.
  - 전화는 전 세계 어디서든 걸려 올 수 있으므로 고객의 수신자 부담 내역이 적절한지에 대해 논의한다.
  - 표준 시간대의 차이를 언급한다.
  - 이메일로 메시지를 주고받는 것이 지연될 때 대처법에 대해 고지한다.
- 상담사나 내담자가 서로 대면하지 못하기 때문에 발생할 수 있는 오해를 처리하는 방법에 대해 내담자에게 설명한다. 이를테면, 간단히 자신의 의견을 말함으로써 상대방에게 자신의 메시지를 전달할 수 있다. '우리는 이메일을 통해 소통하기 때문에 당신의 얼굴을 볼 수도, 목소리의 억양을 들을 수도 없습니다. 그렇기 때문에 당신의 마지막 메시지를 어떻게 해석해야 할지 잘 모르겠습니다.'

부록 2

컴퓨터 관련 용어

■ **주소**(address) 인터넷은 이메일(다른 사람에게 전자 편지를 보내기 위한 목적으로, 대부분의 이메일 주소는 '@'를 포함하고 있다)과 웹 페이지 주소(URL이라고도 불린다) 등 두 종류의 주소를 가지고 있다.

■ **AOL**(America online) 많은 인터넷 서비스 제공자(ISO) 중 하나로 인터넷 접속과 관련된 추가적인 기능을 제공한다.

■ **아카이브**(archive) 효율적인 저장을 위해 압축된 파일 그룹을 포함하고 있는 단일 파일이다. 원본 파일을 검색하거나 압축을 풀기 위해서는 'Stuffit' 혹은 이와 비슷한 프로그램을 사용하여야 한다.

■ **비동시성 소통 방식**(asynchronous communication) 이메일, 게시판, 오디오 혹은 비디오와 같은 형태의 소통 방식을 말한다.

■ **첨부파일**(attachment) 이메일에 전자적으로 '첨부'하는 컴퓨터 파일로서 문자나 이미지 모두 가능하다.

■ **백업본**(backup copy) 일반적으로 디스켓, 집 드라이브, CD 혹은 다른 하드디스크에 저장되어 있는 컴퓨터 정보(문자나 이미지)의 두 번째 복사본을 뜻한다.

■ **보드**(baud) 전화선(예, 56,000bps)을 통해 매초마다 모뎀이 전

송하는 전자 신호의 수를 뜻한다.

- **숨은 참조**(blind carbon copy: BCC) 이 기능을 사용하면, 주 수신인이 모르게 참조하는 수신인에게 이메일이 전송된다.
- **바이너리 파일**(binary file) 문자뿐만 아니라 다른 정보도 포함하고 있는 파일로서 그림, 아카이브, 소리 혹은 워드 문서 등을 포함할 수 있다.
- **비트**(bit) 컴퓨터 데이터 측정의 최소 단위로서 비트맵은 흑백 혹은 컬러 이미지를 만들기 위해 작은 점들이 모여 있는 것을 말한다.
- **즐겨찾기**(bookmark) 추후에 다시 방문하고 싶은 웹 페이지 주소를 저장해 놓는 방법을 일컫는다.
- **논리연산자**(boolean operators) AND, OR, AND NOT, NEAR, ADJ 그리고 BEFORE를 사용함으로써 온라인 검색을 확장하거나 제한한다.
- **반송**(bounce) 전송되지 못해 이메일이 회송되는 경우나 잘못된 주소로 보낸 경우에 이메일이 반송된다.
- **브라우저**(browser) 월드 와이드 웹(world wide web: www)에 연결시켜 준다.
- **바이트**(byte) 컴퓨터 메모리는 일반적으로 바이트로 측정된다.
- **참조**(carbon copy: CC) 이메일을 보낼 때 참조를 누르면, 다른 수신자들도 그 이메일을 볼 수 있다.
- **채팅**(chat) 세계 어느 곳의 네트워크 사용자와도 이야기할 수 있는 방법을 말한다.

■ **컴**(com) 예를 들어, 'http://artshealth.com'과 같이 웹 주소 마지막에 이 단어가 들어간다면, 이 웹사이트는 영리 단체를 뜻한다.

■ **컴퓨서브**(compuserve) 다양한 온라인 서비스 중 하나로 인터넷 접속과 함께 추가적인 기능을 제공한다.

■ **쿠키**(cookie) 웹사이트를 방문했을 때 컴퓨터에 저장되는 작은 문서 파일로, 나중에 그 웹사이트를 다시 방문할 때 이전에 방문했음을 상기시켜 준다.

■ **국가코드**(country code) 개인 혹은 단체가 어느 나라에 위치해 있는가를 알려 주는 웹 주소의 마지막 부분(항상 두 글자)이다. 예를 들어, 호주는 'au'로, 미국은 'us'로, 그리고 일본은 'ja'로 표시된다.

■ **커서**(cursor) 컴퓨터 화면에 문자가 입력되는 위치를 표시하는 점을 말한다.

■ **가상공간**(cyberspace) 인터넷과 웹을 포함하는 컴퓨터와 네트워크 공간을 뜻한다.

■ **피 정의 검색**(field searching) 온라인 검색 시 특정한 분야만을 포함하도록 조절해 준다.

■ **HTML** HTML은 'hyper text markup language'의 약자이며 웹상에서 하이퍼텍스트 문서를 만들기 위해 사용되는 컴퓨터 언어다. HTML은 텍스트 블록이 화면에 어떻게 나타날지를 지시하는 코드로 둘러싸여 있다는 점에서 구형 조판과 닮았다. HTML은 텍스트가 하이퍼링크 혹은 '핫 링크(hot links)'를 통하여 인터

넷상의 다른 파일에 연결될 수 있도록 해 준다. 이 텍스트는 사용자에 의하여 선택되면 링크를 통하여 다른 문서를 검색하거나 문서가 화면상에 나타날 수 있게 만든다.

- **키워드 검색**(keyword searching) 검색엔진은 특정한 키워드 혹은 주제를 포함하는 문서를 검색한다. 거의 모든 검색엔진은 검색을 시작할 때 키워드를 사용한다.
- **매킨토시**(macintosh) 애플(Apple) 사에서 개발하고 만든 휴대용 컴퓨터다. 현재 'Power Mac'과 'iMac' 모델이 나와 있다.
- **마우스**(mouse) 컴퓨터 화면에서 포인터 혹은 커서를 움직이는 장치를 말한다.
- **자연언어**(natural language) 온라인 검색에서 질문의 형태로 물어봐도 인지되는 것을 말한다. 예를 들어, "뉴욕 주에서 미술치료 교육과정을 어떻게 찾을 수 있나요?"라고 물을 수 있다. 이러한 검색 방식을 사용하는 검색엔진에는 'www.askjeeve. com'이 있다.
- **픽셀**(pixel) 컴퓨터 화면에 생성될 수 있는 최소 단위의 점으로 '화소'라고 불린다. 화면의 가로상과 세로상에 생성될 수 있는 픽셀의 수로 화면의 해상도를 측정할 수 있다.
- **프로그래밍**(programming) 소프트웨어를 개발하는 과정을 뜻한다.
- **안전 사이트/서버**(secure site/server) 암호화를 사용하여 사람들이 메시지 혹은 기밀 정보에 접근하는 것으로부터 웹사이트나 서버를 보호한다.

- **SMTP** SMTP는 'simple mail transfer protocol'의 약자로, 인터넷을 통해 이메일을 전송하기 위한 표준 프로토콜이다. 인터넷 서비스 업체의 메일 서버 이름은 SMTP에 위치하고 있다(aol.com 혹은 mail.lesley.edu 혹은 something.org). 이메일 고객이 당신이 보낸 이메일을 이 서버로 보내면, 서버는 당신이 명시한 주소로 이메일을 보낸다.
- **스태밍**(stemming) 단어를 검색하는 데 접미사를 포함시켜 온라인 검색을 확장한다.
- **동시성 소통 방식**(synchronous communication) 치료사와 내담자들이 같은 시각에 컴퓨터에서 만나 소통하는 것을 포함한다.
- **웹**(web) 'www'로도 불린다. 정보의 주 저장소이며 저장된 정보를 검색하도록 도와주는 시스템이다.
- **웹 페이지**(web page) 웹상에서 이용 가능한 문서다.

부록 3

컴퓨터 테크놀로지와 웹사이트 정보

(웹의 특성상 다음의 웹 주소는 변경될 수 있음)

컴퓨터 테크놀로지와 장애 관련 정보

- 기술 접근을 위한 동맹(Alliance for Technology Access : ATA)
  [http://www.ataccess.org]
- 미국원격의료협회(American Telemedicine Association)
  [http://www.atmeda.org/whatis/defined.html]
- 특정기술적용센터(Center for Applied Special Technology : CAST)
  [http://www.cast.org]
- 북미재활공학 및 기술학회(Rehabilitation Engineering and Technology Society of North America : RESNA)
  [http://www.resna.org/taproject/sta_acomp.html]

인터넷과 웹 그리고 관련 주제에 관한 일반 정보

- 인터넷 용어(Internet Terms)
  [www.netlingo.com]
- 원격교육 넷(Learning the Net)
  [www.learnthenet.com]

- Welcome to the Internet 101
  [www2.famvid.com/i101/chat.html]

예술과 예술치료 웹사이트

- 절대예술(Absolute Arts)
  [http://www.absolutearts.com]
- 미국미술치료협회(American Art Therapy Association)
  [http://www.arttherapy.org]
- 미국의학교육협회(American Institute of Medical Education)
  [http://www.aimed.com]
- 정신병원에서의 미술(Art in Mental Health Hospitals)
  [http://www.hospitalaudiences.org]
- 웹상의 미술치료(Art Therapy on the Web)
  [http://www.sofer.com/art-therapy]
- 웹상의 건강을 위한 예술(Arts for Health in the UK)
  [http://www.artdes.mmu.ac.uk/arts4hth.htm]
- 국제임상예술(Arts Medicine International)
  [http://members.aol.com/iamaorg/index.html]
- 영혼을 어루 만지는 그림센터(Center for Touch Therapy Drawing)
  [www.touchdrawing.com]
- 임상예술재단(Foundation for Hospital Art)
  [http://www.hospitalart.com]
- 국제표현예술협회(International Expressive Arts Therapies Association)
  [www.ieata.org]
- 이탈리아미술치료협회(Italian Art Therapy Association)

[http://space.tin.it/associazioni/rpasanis/default.htm]

- 전국예술치료협회모임(National Coalition of Arts Therapies Associations: NCATA)
[http://www.membrane.com/ncata]
- 노스 웨일스 미술치료 과정(North Wales Arts Therapies Courses)
[www.dryw.freeserve.co.uk]
- 외부 미술 자료(Outsider Art Resources)
[http://www.outsider.art.org]
- 프린츠호른 컬렉션(Prinzhorn Collection)
[http://www.2rz.hu-berlin.de]
- 보건의료예술학회(Society for the Arts in Healthcare: SAH)
[http://www.societyartshealthcare.org]
- 전 세계 예술 자료(World Wide Arts Resources)
[http://www.wwar.com]

웹상의 정신건강 조직 및 정보

- 미국정신의학협회(American Psychiatric Association)
[www.psych.org]
- 미국심리학회(American Psychological Association)
[www.apa.org]
- 캐나다심리학회(Canadian Psychological Association)
[www.cpa.ca]
- 정신건강 넷(Mental Health Net)
[www.mentalhelp.net]
- 정신질환자를 위한 전국 연맹(National Alliance for the Mentally Ill)

[www.nami.org]

- 국제정신건강협회(National Mental Health Association) [www.nmha.org]

검색엔진

- Alta Vista [www.altavista.com]
- DirectHit [www.directhit.com]
- Excite [www.excite.com]
- Go To [www.goto.com]
- HotBot [www.hotbot.com]
- Infoseek [www.infoseek.com]
- Lycos [www.lycos.com]
- Netscape [www.netscape.com]
- PsychCrawler [http://www.psychcrawler.com]
- WebCrawler [www.webcrawler.com]

보충 자료

Barak, A. (1999). Psychological applications on the Internet: A discipline on the threshold of a new millennium. *Applied and Preventative Psychology*, *8*, 231-246.

Bloom, J. W., & Walz, G. (2000). *Counseling and Cybercounseling: Strategies and Resources for the Millennium*. Alexandria, VA: American Counseling Association.

Brennan, P., Ripich, S., & Moore, S. (1991). The use of home-based computers to support persons living with AIDS/ARC. *Journal of Community Health Nursing*, *8*, 3-14.

Davison, K., & pennebaker, J. (1997). Virtual narratives: Illness representations in online support groups. In K. Petrie & J. Weinman (eds.), *Perceptions of Health and Illness: Current Research and Applications*. Singapore: Harwood.

Finn, J., & Lavitt, M. (1994). Computer based self-help groups for sexual abuse Survivors. *Social Work with Groups*, *18*, 109-117.

Grohol, J. (1998). *The Insider's Guide to Mental Health Resources Online*. New York: Guilford Press.

Ishak, W., & Burt, T. (1998). Computer applications in psychiatry: Role in patient care, education, research, and communication. *Cyber Psychology and Behavior*, *1*, 147-150.

Jerome, L. (1997). E-mail therapy. *Journal of the American Academy of Child and Adolescent Psychiatry*, *36*, 868.

King, S., Engi, S., & Poulos, S. (1998). Using the Internet to assist family therapy. *British Journal of Guidance and Counselling*, *26*, 43-52.

Lebow, J. (1998). Not just talk, maybe some risk : The therapeutic potentials and pitfalls of computer-mediated conversation. *Journal of Marital and Family Therapy, 24*, 203-206.

Miller, J., & Gergen, K. (1998). Life on the line : The therapeutic potentials of computer-mediated conversation. *Journal of Marital and Family Therapy, 24*, 189-202.

Murphy, L., & Mitchell, D. (1998). When writing helps to heal : E-mail as therapy. *British Journal of Guidance and Counselling, 26*, 21-32.

Sanders, P., & Rosenfield, M. (1998). Counselling at a distance : Challenges and new initiatives. *British Journal of Guidance and Counselling, 26*, 5-10.

Shapiro, D., & Schulman, C. (1996). Ethical and legal issues in e-mail therapy. *Ethics and Behavior, 6*, 107-124.

Sleek, S. (1995). Online therapy services raise ethical questions. *APA Monitor*, November, 22-23.

Smith, M. A. (1998). Telepsychiatry. *Psychiatric Services, 49*, 1494-1495.

Smith, M. A., & Leigh, B. (1997). Virtual subjects : Using the Internet as an alternative source of subjects and research environment. *Behavior Research Methods, Instruments, and Computers, 29*, 496-505.

Stamm, B. (1998). Clinical applications of telehealth in mental health care. *Professional Psychology : Research and Practice, 29*, 536-542.

Weinberg, N., Schmale, J., Uken, J., & Wessel, K. (1996). Online help : Cancer patients participate in a computer-mediated support group. *Health and Social Work, 21*, 24-29.

참고문헌

American Psychological Association (1997). Services by telephone, teleconferencing, and Internet: A statement by the Ethics Committee of the American Psychological Association. [http://www.apa.org/ethics/stmnt01.html]

American Telemedicine Association (1999). What is Telemedicine? [http://atmeda.org/whatis/defined.html]

Arnheim, R. (1954). *Art and Visual Perception*. Los Angeles: University of California Press.

Bashur, R. (1997). Critical issues in telemedicine. *Telemedicine Journal, 3*, 113-126.

Bloom, J. (1997). NBCC web counseling standards. *Counseling Today*, *40*, 5-6.

Canter, D. (1989). Art therapy and computers. In H. Wadeson, J. Durkin & D. Perach (eds.), *Advances in Art Therapy*. NewYork: Wiley.

Collie, K. (1998). Art therapy on-line: A participatory action study of distance counselling issues. Unpublished master's thesis, University of British Columbia, Vancouver, Canada.

Collie, K., & Cubranic, D. (1999). An art therapy solution to a telehealth problem. *Art Therapy: Journal of the American Art Therapy Association*, *16*, 4, 186-193.

Ford, D. (1999). Governing council actions. *Counseling Today*, November, 5.

Fryrear, J., & Corbit, I. (1992). *Photo Art Therapy: A Jungian Perspective*. Springfield, IL: Charles C. Thomas.

Grohol, J. (1999). Best practices in e-therapy: Confidentiality and privacy. [http:/www.ismho.org/issues/9901/html]

Gussak, D., & Nyce, J. (1999). To bridge art therapy and computer technology: The visual toolbox. *Art Therapy: Journal of the American Art Therapy Association*, *16*, 4, 194-195.

Haas, C. (2000). Entangled in the net. *Counseling Today*, *42*, 7, 26-27.

Hartwich, P., & Brandecker, R. (1993). Computer-based art therapy with inpatients: Acute and chronic schizophrenics and borderline cases. *The Arts in Psychotherapy*, *24*, 4, 367-373.

International Society for Mental Health Online (1998). Mission statement. [http://ismho.org]

Kirby, K., Hardesty, P., & Nickelson, D. (1998). Telehealth and the evolving health care system: Strategic opportunities for professional psychology. *Professional Psychology: Research and Practice*, *29*, 6, 527-535.

Kramer, E., Gerity, L., Henley, D., & Williams, K. (1995). Art and art therapy and the seductive environment. Panel presented at the 26th annual conference of the American Art Therapy Association, San Diego, CA, November.

Krauss, D., & Fryrear, J. (1983). *Phototherapy in Mental Health*. Springfield, IL: Charles C. Thomas.

Kraut, R., Lundmark, V., Patterson, M., Kiesler, S., & Scherlis, T. (1998). Internet paradox: A social technology that reduces social involvement and psychological well-being? *American Psychologist*, *53*, 9, 1017-1031.

Landgarten, H. (1981). *Clinical Art Therapy*. New York: Brunner/Mazel.

Landgarten, H. (1993). *Magazine Photo Collage*. New York: Brunner/Mazel.

Levy, B., & Malchiodi, C. (1995). Online art therapy communication. Oral presentation at the 26th annual conference of the American Art Therapy Association, San Diego, CA, November.

McLeod, C. (1999). Empowering creativity with computer-assisted art therapy: An introduction to available programs and techniques. *Art Therapy: Journal of the American Art Therapy Association*, *16*, 4, 201-205.

McNiff, S. (1989). *Depth Psychology of Art*. Springfield, IL: Charles C. Thomas.

McNiff, S. (1992). *Art as Medicine: Creating a Therapy of the Imagination*. Boston: Shambhala.

McNiff, S. (1998). *Art-Based Research*. London: Jessica Kingsley Publishers.

McNiff, S. (1999). The virtual art therapy studio. *Art Therapy: Journal of the American Art Therapy Association*, *16*, 4, 197-200.

McNiff, S., & Cook, C. (1975). Video art therapy. *Art Psychotherapy*, *2*, 55-63.

Malchiodi, C. A. (1996a). Art therapists in cyberspace. *Art Therapy: Journal of the American Art Therapy Association*, *13*, 4, 150-151.

Malchiodi, C. A. (1996b). Peer supervision. In C. A. Malchiodi & S. Riley *Supervision and Related issues: A Handbook for Professionals*. Chicago, IL: Magnolia Street Publishers.

Malchiodi, C. A. (1999). Inclusive or exclusive. *Art Therapy: Journal of the American Art Therapy Association*, *16*, 4, 178-179.

Michaelson, K. (1996). Information, community, and access. *Social Sciences Computer Review*, *14*, 1, 57-59.

Newsom, B., & Silver, A. (eds.) (1997). The Addison Gallery of American Art: Video for special audiences. In Council on Museums and Education in the Visual Arts, *The Art Museum as Educator: A Collection of Studies as Guides to Practice and Policy*. Berkeley and Los Angeles: University of California Press.

Parker-Bell, B. (1999a). Embracing a future with computers and art therapy. *Art Therapy: Journal of the American Art Therapy Association*, *16*, 4, 180-185.

Parker-Bell, B. (1999b). Embracing the future with computers and art therapy. Oral presentation, School of Visual Arts, New York, 30 October.

Preston, J. (1993). *The Telemedicine Handbook*. Austin, TX: Telemedical Interactive Services.

Ranger, D. (1996). Art therapy, a computer and two exceptional children. Unpublished paper presented at the annual conference of the Canadian Art Therapy Association, Toronto, Ontario.

Riemersma, M., & Leslie, R. (1999). Therapy/counseling over the Internet: Innovation or unnecessary risk? *The California Therapist*, *11*, 6, 33-35.

Riley, S. (1999). *Contemporary Art Therapy with Adolescents*. London: Jessica Kingsley Publishers.

Riley, S., & Malchiodi, C. A. (1994). *Interactive Approaches to Family Art Therapy*. Chicago, IL: Magnolia Street Publishers.

Roan, S. (2000). Cyber analysis. *Los Angeles Times*, 6 March, S1, S6.

Spaniol, S. (1990). *Organizing Exhibitions of Art by People with Mental Illness: A Step-by-Step Manual*. Boston: Center for Psychiatric Rehabilitation, Boston University.

Weber, T. (2000). A doctor, 700 patients, and the Net: Inventing the virtual house call. *The Wall Street Journal*, 17 January, B1.

Weinberg, D. (1985). The potential of rehabilitative computer art therapy for the quadriplegic, cerebral vascular accident and brain trauma patient. *Art Therapy: Journal of the American Art Therapy Association*, *2*, 66-72.

Weinmann, E., & Lourekas, P. (1998). *Photoshop 5 for Windows and Macintosh: Visual Quickstart Guide Series*. Needham Heights, MA: Addison-Wesley.

Weiser, J. (1988). Photo Therapy: Using snapshots and photo-interactions in therapy with youth. In C. Schaefer (ed.), *Innovative Interventions in Child and Adolescent Therapy*. New York: Wiley.

Weiser, J. (1993/1999). *Photo Therapy Techniques: Exploring the Secrets of Personal Snapshots and Family Albums*. Vancouver: Photo Therapy Centre.

Wolf, R. (1976). The Polaroid technique: Spontaneous dialogues from the unconscious. *Art Psychotherapy*, *3*, 3, 197-201.

Ziegler, H., & Hays, R. (1996). Contributions to art therapy literature: A computer database survey. *Art Therapy: Journal of the American Art Therapy Association*, *13*, 2, 63-69.

저자 소개

• **캐시 말키오디(Cathy A. Malchiodi)**

미술치료사, 미술치료감독자, 심리상담사, 표현예술치료사, 인지행동치료사 자격을 소지하고 있는 저자는 미국 유타 주 솔트레이크시티에 있는 예술과 건강 연구소(Institute for the Arts and Health)의 소장이기도 하다.
『미술치료: 미국 미술치료학회 저널(Art Therapy: Journal of the American Art Therapy Association)』 및 『아동의 트라우마와 상실: 연구와 중재(Journal of Trauma and Loss in Children: Research and Interventions)』의 편집을 맡고 있으며, 저서로는 『아동 미술의 이해(Understanding Children's Drawings)』가 있고, 편집자 Jessica Kingsley가 발간하는 학술지 『성인 임상미술치료와 아동 임상미술치료(Medical Art Therapy with Adults and Medical Art Therapy with Children)』의 편집위원장이다.
또한 미술치료 대학원 과정 다섯 곳의 교수진으로 있으며, 50편이 넘는 미술치료 관련 논문 및 책을 저술하였고, 미국, 아시아, 유럽 등지에서 120회가 넘게 초청 강의와 워크숍을 진행한 바 있다. 인터넷 기반의 연구 그룹인 '창의적 미술치료 국제기구(Creative Arts Therapies International)' 의 공동 주최자이기도 하다.

역자 소개

• 오연주

이화여자대학교 정치외교학과와 원광대학교 보완의학대학원 예술치료학과를 졸업하고, 현재 고려대학교 정보경영공학대학원 산업시스템학과 박사과정에 재학 중이다. 공학과 컴퓨터를 활용한 과학적인 미술치료의 연구에 몰두하고 있으며, 전진상 영성심리상담소의 미술치료사로서, '상처받은 내면아이를 돌보는 내면여행' 워크숍을 진행하고 있다. 역서로는 『감정치유: 상처받은 감정을 돌보는 통합적 미술치료』(프로젝트 409, 2008) 등이 있다.

• 길지호

고려대학교 산업공학과와 동 대학 정보경영전문대학원 정보경영공학부를 졸업하고, 현재 고려대학교 대학원 산업경영공학과 박사과정에 재학 중이다. 통계 기법을 이용한 패턴 인식에 관련된 연구에 매진하고 있다.

사이버 미술치료

-미술치료와 컴퓨터 테크놀로지-

Art Therapy & Computer Technology

2011년 4월 1일 1판 1쇄 인쇄
2011년 4월 8일 1판 1쇄 발행

지은이 • Cathy A. Malchiodi
옮긴이 • 오연주 · 길지호
펴낸이 • 김진환
펴낸곳 • (주) 학지사
121-837 서울특별시 마포구 서교동 352-29 마인드월드빌딩 5층
대표전화 • 02)330-5114 팩스 • 02)324-2345
등록번호 • 제313-2006-000265호

홈페이지 • http://www.hakjisa.co.kr
커뮤니티 • http://cafe.naver.com/hakjisa

ISBN 978-89-6330-597-4 93180

정가 13,000원

역자와의 협약으로 인지는 생략합니다.
파본은 구입처에서 교환해 드립니다.